Student Activities Manual

CIAO!

Quaderno degli esercizi

SEVENTH EDITION

Carla Larese Riga
Santa Clara University

HEINLE
CENGAGE Learning

Australia • Brazil • Japan • Korea • Mexico • Singapore • Spain • United Kingdom • United States

For product information and technology assistance, contact us at **Cengage Learning Customer & Sales Support, 1-800-354-9706**

For permission to use material from this text or product, submit all requests online at **www.cengage.com/permissions** Further permissions questions can be emailed to **permissionrequest@cengage.com**

ISBN-13: 978-1-4390-8364-2
ISBN-10: 1-4390-8364-9

Heinle
20 Channel Center Street
Boston, MA 02210
USA

Cengage Learning products are represented in Canada by Nelson Education, Ltd.

For your course and learning solutions, visit **www.cengage.com**

Purchase any of our products at your local college store or at our preferred online store **www.ichapters.com**

Photo Credits

Page 11 top Image copyright Ronald Sumners 2009 / Used under license from Shutterstock.com; center Edward Slater/Photostogo.com; bottom Image copyright 2009 Mashaku / Used under license from Shutterstock.com

Page 25 center Terri Froelich/IndexStock Imagery/Photolibrary; bottom Image Copyright Christoph63, 2009 / Used under license from Shutterstock.com

Page 26 Image Copyright Sailorr. Used under license from Shutterstock.com

Page 67 top Courtesy of the Author; bottom Sandro Donda, 2009 / Used under license from Shutterstock

Page 68 Courtesy of the Author

Page 133 Image Copyright Ollirg 2009. Used under license from Shutterstock.com

Page 209 Image Copyright Kletr. Used under license from Shutterstock.com

Page 210 top Image Copyright Claudio Giovanni Colombo. Used under license from Shutterstock.com; center CuboImages srl / Alamy

Page 224 Image Copyright Elemér Sági. Used under license from Shutterstock.com

Page 251 Courtesy of the Author

All other photos © Cengage Learning

Printed in the United States of America
1 2 3 4 5 6 7 13 12 11 10 09

Table of Contents

Preface

The *Quaderno degli esercizi* that accompanies *Ciao!*, **Seventh Edition,** provides students with supporting activities and the opportunity to practice Italian outside the classroom. On a chapter-by-chapter basis, it complements the contents of *Ciao!* and provides a systematic review of the grammatical structures and vocabulary presented in the textbook.

As you complete each section of the textbook chapter, you may turn to the *Quaderno degli esercizi* for additional practice and to hear examples of spoken Italian you can interact with, via the Lab Audio CDs. Each chapter of the *Quaderno* opens with a *Studio di parole* where students can practice vocabulary and expressions that are the basis of the thematic contents of the chapter.

In the **Seventh Edition** the *Quaderno degli esercizi* has decoupled the written (**Esercizi scritti**) and the oral (**Esercizi orali**) sections in order to make it easier for students to follow the chapter's lesson and, having reviewed the grammar and vocabulary while doing the exercises, to make it easier for students to follow the workbook.

The **Esercizi scritti** section has a *Studio di parole* and *Punti grammaticali*. They contain written exercises on grammar and lexical structures, as well as culturally oriented content that directly complements, chapter by chapter, the material included in the textbook. Many of the varied exercises are meaningfully contextualized, stress writing skills, and encourage ongoing self-instruction outside the classroom.

The second part, the **Esercizi orali** section, comprises *Studio di parole* and *Punti grammaticali* oral activities recorded on CDs, and it serves as a guide to the laboratory program and corresponds to the textbook.

The **Seventh Edition** of the *Quaderno degli esercizi* has been enhanced with new listening activities and listening comprehension exercises. There is a *Dettato,* followed by comprehension questions; a new feature has also been added, *Come si dice in italiano?*, a translation exercise which summarizes the grammar and the vocabulary of the chapter; and the *Vedute d'Italia,* or cultural/reading sections, have been updated to present very contemporary perspectives on Italy and to encourage students to explore aspects of Italian life and culture in greater depth. These reading sections include a pre-reading strategy and are followed by questions and opportunities for discussion with a cross-cultural emphasis. And finally, there are two new *Attività video*, placed after the *Esercizi scritti* and after the *Esercizi orali*. These show different segments of the *Sulla Strada* video and they are followed by related exercises.

Capitolo 1 La città

Esercizi scritti

Studio di parole La città

A. Dov'è a Milano? Match the things and people listed in column A with their correct location from column B.

A

1. _____ una giraffa
2. _____ una bicicletta
3. _____ un cappuccino
4. _____ un turista
5. _____ un dottore
6. _____ un'opera
7. _____ un monumento
8. _____ una studentessa
9. _____ un treno
10. _____ un menù

B

a. un ristorante
b. una strada
c. una scuola
d. una piazza
e. una stazione
f. uno zoo
g. un bar
h. un ufficio informazioni
i. un teatro
j. un ospedale

B. Che cosa c'è a Verona? Identify the following objects.

Esempio

_____treno_____

1. _____   2. _____

3. _____   4. _____

5. _____   6. _____

7. _____   8. _____

9. _____   10. _____

Punti grammaticali

1.1 *Essere; C'è, ci sono e Ecco!*

A. Chi sono e dove sono? Complete each sentence with the correct form of **essere**.

1. Lisa _____ a Firenze.

2. Noi _____ in Italia.

3. Voi _____ studenti.

4. Pio e Gino _____ in classe.

5. Io _____ professore.

6. Tu _____ studentessa.

B. Molte domande. Change each statement into a question.

1. Firenze è una città. _____

2. Pio e Luigi sono in classe. _____

3. Tu e Lia siete a scuola. _____

4. Firenze è in Italia. _____

5. Tu sei professore. _____

C. No, non è vero! Answer each question in the negative.

Esempio   È con una ragazza Marcello?
          No, Marcello non è con una ragazza.

1. È dottore Luca?

   _____

2. Siete a Firenze voi?

   _____

3. Sei in classe tu oggi?

   _____

4. Siamo amici di Lia noi?

   _____

5. Siete di Milano tu e Lisa?

   _____

6. Sono in Italia loro?

   _____

D. In centro. Rewrite each sentence using **Ecco.**

    Esempio   C'è un signore.
                  Ecco un signore!

1. C'è un'autostrada. _____
2. C'è un museo. _____
3. C'è un autobus. _____
4. C'è un tram. _____
5. C'è una piazza. _____
6. C'è uno studio. _____

E. Cosa c'è a Firenze? Complete each sentence with **c'è** or **ci sono** in the negative.

1. _____ la metropolitana a Firenze.
2. _____ automobili in centro.
3. _____ fiori in giardino.
4. _____ lezione oggi.
5. _____ treni in città.
6. _____ studenti in classe.

1.2 Il nome

A. Nella città di Firenze. Indicate the gender of each noun by writing *M* (masculine) or *F* (feminine) in the blank.

1. studentessa _____
2. pittore _____
3. ristorante _____
4. stazione _____
5. automobile _____
6. banca _____
7. mercato _____
8. edificio _____
9. farmacia _____
10. albergo _____
11. caffè _____
12. autobus _____

B. Più di uno. Change each noun from singular to plural.

1. scuola _____
2. professore _____
3. lezione _____
4. libro _____
5. signora _____
6. amica _____
7. banca _____
8. ufficio _____
9. bar _____
10. caffè _____
11. città _____
12. autobus _____

1.3 Gli articoli

A. L'articolo indeterminativo. Supply the indefinite article of each noun.

1. _____ città
2. _____ amico
3. _____ studente
4. _____ libro
5. _____ professore
6. _____ amica
7. _____ università
8. _____ zoo
9. _____ studio

B. L'articolo determinativo. Supply the appropriate forms of the definite article.

1. _____ ragazzo e _____ ragazza
2. _____ signore e _____ signora
3. _____ studio e _____ studente
4. _____ numero e _____ zero
5. _____ giardino e _____ albero
6. _____ città e _____ stato

C. Dove sono? Complete each sentence, using the definite article and the noun in the plural form.

Esempio (bambina) _____ sono a casa.
Le bambine sono a casa.

1. (ragazzo) _____ sono a scuola.
2. (studente) _____ sono in classe.
3. (automobile) _____ sono in garage.
4. (professore) _____ sono in ufficio.
5. (banca) _____ sono in centro.
6. (negozio) _____ sono in via Mazzini.
7. (chiesa) _____ sono in periferia *(outskirts)*.

D. Essere specifici. Complete each sentence with the correct form of the definite article.

1. Dove sono _____ fiori e _____ alberi?
2. Com'è _____ ristorante Biffi?
3. _____ stato di Washington è in America.
4. Dove sono _____ libri di Maria?
5. Ecco _____ giardino per _____ bambini.
6. Ecco _____ fontana di Trevi.

E. L'articolo con i titoli. Complete each sentence, using the title in parentheses and the definite article if appropriate.

1. (professore) Dov'è _____ Sapienza?

2. (professoressa) Come sta _____ Guzzi?

3. (signori) Sono a casa _____ Catalano?

4. (signora) C'è _____ Ponti?

5. (dottore) È in ufficio _____ Penicillina?

1.4 Espressioni interrogative

Una visita ad un amico. Write the question that would elicit the answer provided by using **chi, che (cosa, che cosa), dove, come,** or **quando**.

Esempio   Francesco è a casa.   *Dov'è Francesco?*

1. Luigi sta bene. _____

2. Marcello è a Roma. _____

3. Siamo a scuola oggi. _____

4. *Amleto* è una tragedia di Shakespeare. _____

5. Gino è un amico di Marisa. _____

6. Roma è una città. _____

7. Venezia è in Italia. _____

Come si dice in italiano?

1. Excuse me, where is the university? _____

2. There is the university! _____

3. Is Professor Pini there? _____

4. Who? Doctor Pini? He is not in today **(non c'è).** He is at home.

   _____

5. Where is the Bank of Italy, please? _____

6. It is downtown. _____

7. Are there restaurants, too? _____

8. Yes. The restaurants and shops are downtown.

   _____

9. Thank you. Good-bye. _____

10. You are welcome, Madam. Good-bye. _____

11. What's your name? _____

12. My name is Lisa. I'm a student of Italian. _____

Esercizi orali

Studio di parole   La città

🔊 CD 1, TRACK 2

Essere formali o no all'università? Listen to each statement and indicate whether the form of address used is informal or formal. You will hear each statement twice.

Esempio   You hear: Buon giorno professor Baldini, come sta oggi?
                 You underline: informal / <u>formal</u>

   1. informal / formal   **3.** informal / formal   **5.** informal / formal

   2. informal / formal   **4.** informal / formal   **6.** informal / formal

Punti grammaticali

1.1 *Essere; C'è, ci sono e Ecco!*

🔊 CD 1, TRACK 3

A. Dove sono gli studenti? Listen to the model sentence. Then form a new sentence by substituting the noun or pronoun given as a cue. Repeat the response after the speaker.

Esempio   Maria è in classe. (io)   *Io sono in classe.*

   1. _____   **4.** _____

   2. _____   **5.** _____

   3. _____   **6.** _____

🔊 CD 1, TRACK 4

B. Formare domande. Change each statement you hear into a question as in the example. Then repeat the response after the speaker.

Esempio   Marco è professore.   *È professore Marco?*

   1. _____   **4.** _____

   2. _____   **5.** _____

   3. _____

🔊 CD 1, TRACK 5

C. Rispondere con una frase negativa. Answer each question in the negative. Then repeat the response after the speaker.

Esempio   Sono in classe Marisa e Gina?   *No, Marisa e Gina non sono in classe.*

   1. _____

   2. _____

   3. _____

   4. _____

   5. _____

🔊 CD 1, TRACK 6

D. Nella città di Belluno. You are moving to a small town and want to confirm that it has the following essential places and services. Ask questions with **C'è** or **Ci sono,** according to the cue. Then repeat the response after the speaker.

Esempi un cinema *C'è un cinema?*
     autobus *Ci sono autobus?*

1. _____ 4. _____

2. _____ 5. _____

3. _____ 6. _____

🔊 CD 1, TRACK 7

E. Una visita a Perugia. Dino Campana is showing his hometown to a friend. Use the cues to recreate each of his statements. Then repeat each statement after the speaker.

Esempio una piazza *Ecco una piazza!*

1. _____ 4. _____

2. _____ 5. _____

3. _____

1.2 Il nome

🔊 CD 1, TRACK 8

A. In classe. Listen to each statement and indicate whether the classroom object mentioned is masculine **(maschile)** or feminine **(femminile).** You will hear each statement twice.

Esempio You hear: Ecco una carta geografica.
     You underline: maschile / <u>femminile</u>

1. maschile / femminile   6. maschile / femminile

2. maschile / femminile   7. maschile / femminile

3. maschile / femminile   8. maschile / femminile

4. maschile / femminile   9. maschile / femminile

5. maschile / femminile   10. maschile / femminile

🔊 CD 1, TRACK 9

B. Non uno, ma due! Answer each question in the negative as in the example. Then repeat the response after the speaker.

Esempio È un bambino? *No, sono due bambini.*

1. _____ 5. _____

2. _____ 6. _____

3. _____ 7. _____

4. _____ 8. _____

1.3 Gli articoli

🔊 CD 1, TRACK 10

A. Al caffè Garibaldi. Listen to each statement and tell whether the drink that is ordered is masculine or feminine by underlining the correct form of the indefinite article—**un** or **uno,** or **una** or **un'**. Each statement will be repeated twice.

Esempio   You hear: Un caffè, per favore.
               You underline: <u>un</u> / uno / una / un'

1. un / uno / una / un'   4. un / uno / una / un'

2. un / uno / una / un'   5. un / uno / una / un'

3. un / uno / una / un'   6. un / uno / una / un'

🔊 CD 1, TRACK 11

B. Una visita alla città! Listen to each statement and indicate whether the place or thing mentioned is masculine singular **(il, lo)**, or feminine singular **(la).** Each statement will be repeated twice.

Esempio   You hear: Ecco il museo dell'Accademia!
               You underline: <u>il</u> / lo / la

1. il / lo / la   4. il / lo / la

2. il / lo / la   5. il / lo / la

3. il / lo / la   6. il / lo / la

🔊 CD 1, TRACK 12

C. Dove sono i turisti di Firenze? Marcello is indicating to a passerby where various people and things are. Following the example, use the cues to recreate each of his statements. Repeat the correct response after the speaker.

Esempio   una ragazza   *Ecco la ragazza!*

1. _____   4. _____

2. _____   5. _____

3. _____   6. _____

🔊 CD 1, TRACK 13

D. Al plurale! Change each sentence from the singular to the plural. Then repeat the correct response after the speaker.

Esempio   Dov'è la signorina?   *Dove sono le signorine?*

1. _____   5. _____

2. _____   6. _____

3. _____   7. _____

4. _____   8. _____

1.4 Espressioni interrogative

CD 1, TRACK 14

A. In classe. Listen to each statement and indicate which question it answers: **Chi è?** or **Che cos'è?**

Esempio   You hear: È una penna.
You underline: Chi è? / <u>Che cos'è?</u>

1. Chi è? / Che cos'è?
2. Chi è? / Che cos'è?
3. Chi è? / Che cos'è?

4. Chi è? / Che cos'è?
5. Chi è? / Che cos'è?
6. Chi è? / Che cos'è?

CD 1, TRACK 15

B. Qual è la domanda? Ask a question that would elicit each answer that you hear. Then repeat the response after the speaker.

Esempio   San Francisco è in California.   *Dov'è San Francisco?*

1. _____
2. _____
3. _____

4. _____
5. _____

Dettato

CD 1, TRACK 16

A. Dettato: La città di Venezia. Listen to this short description of the city of Venice. It will be read the first time at normal speed, a second time more slowly so that you can supply the missing nouns with the appropriate definite articles, and a third time so that you can check your work. Feel free to repeat the process several times if necessary.

Venezia è una _____ molto bella e romantica, con molti

_____ : _____ ,

_____ , _____ ,

_____ , _____ ,

_____ , _____

e una _____ famosa, San Marco.

CD 1, TRACK 17

B. All'Università di Venezia. Listen as Antonio and Marco, students at the University of Venice, get acquainted while waiting for class. Then complete the following sentences with the appropriate information.

1. Marco abita a _____.
2. Venezia è una città molto _____.
3. Non c'è un parco ma ci sono molte belle _____.
4. Il teatro famoso di Venezia è _____.
5. Non ci sono molte _____.
6. Ci sono molti ponti e una _____.

Vedute d'Italia   Tre città italiane

A. Prima di leggere. Read the brief descriptions of three Italian cities taken from a guidebook. Watch for cognates in order to get the gist of each description, even if you cannot understand every word.

Ecco il *Davide* di Michelangelo a Firenze. Firenze è la città dell'arte rinascimentale *(renaissance)*, ci sono anche *(also)* molte università americane.

Roma è la capitale d'Italia. Ecco il Colosseo, un monumento molto famoso, costruito *(built)* dai Romani. I turisti visitano il Colosseo durante tutto l'anno *(all year round)*.

Venezia è la città romantica per eccellenza. Ci sono molti ponti *(bridges)* a Venezia. Ecco il famoso ponte Rialto dove ci sono molti negozi.

B. Alla lettura

1. Make a list of all of the cognates you can identify in the three descriptions.

   _____

   _____

   _____

2. Complete the following sentences with appropriate information.

   a. Uno dei monumenti famosi di Roma è _____.

   b. I turisti visitano Roma _____.

   c. A Firenze ci sono anche _____.

   d. Michelangelo è l'artista famoso della statua del _____.

   e. Venezia è la città _____.

   f. A Venezia ci sono _____.

   g. Un ponte molto famoso è _____.

2.4 Frasi idiomatiche con *avere*

A. Come sta il tuo amico Franco? Ask a friend whether . . .

1. he/she is sleepy.

   _____

2. he/she is hungry.

   _____

3. he/she feels warm.

   _____

4. he/she feels cold.

   _____

5. he/she is thirsty.

   _____

6. he/she needs money.

   _____

B. Perché... ? Quando... ? Answer the questions, using the idiomatic expressions with **avere**.

Esempio   Perché mangi adesso *(now)*?
Perché ho fame.

1. Perché Franco è in una libreria *(bookstore)*?

   _____

2. Perché tu e Gianni correte *(are running)*?

   _____

3. Quando bevi *(you drink)* molta acqua?

   _____

4. Perché i bambini sono a letto *(in bed)*?

   _____

5. Quando portiamo *(we wear)* un cappotto *(coat)*?

   _____

6. Quando usiamo l'aria condizionata *(air conditioning)*?

   _____

7. Quando diciamo «Scusa»?

   _____

Come si dice in italiano?

1. Lisa and Graziella are two good friends.

   _____

2. They have brown eyes, but Lisa is blond and tall, whereas **(mentre)** Graziella is short and dark-haired.

   _____

3. They are very pretty and young.

   _____

4. Lisa is rich and has a small car. Graziella has an old bicycle.

   _____

5. They have the same German professor. It is a difficult course.

   _____

6. Tomorrow they have an exam. They are afraid and they need to study **(di studiare).**

   _____

7. But tonight they are hungry and thirsty; they feel like eating **(di mangiare)** a pizza in a good restaurant.

   _____

Attività video

A. Gli Italiani si presentano. After you watch this segment of the video where Italians introduce themselves, complete the sentences of some of the people interviewed.

1. Mi chiamo Erica Camurri, ho trent' _____ e studio _____.

2. Mi chiamo Anna Maria Marichiolo. Sono proprietaria di _____.

3. Sono Davide Onnis, abito a Bologna e arrivo dalla _____.

4. Sono Emanuele, sono nato (*I was born*) a _____.

5. Io sono Andrea. Io aiuto (*I help*) mio padre a _____.

B. Un caffè, per favore! After you have watched this segment of the video, answer the following questions.

1. Dove abita Marco?

   _____

2. Chi gli ha regalato (*gave him*) la Mini?

   _____

3. Come prende (*he takes*) il caffè, Marco?

   _____

4. List some of the drinks the people interviewed have for breakfast:

   _____

Esercizi orali

Studio di parole La descrizione

🔊 CD 1, TRACK 18

Riconosciamo le finali *(endings).* Listen to each statement and indicate which adjective ending you hear: masculine singular **(-o)** or plural **(-i),** or feminine singular **(-a)** or plural **(-e).** Underline the correct form. Each statement will be repeated twice.

> **Esempio**   You hear: La bicicletta è rossa.
> You underline: o / i / <u>a</u> / e

1. o / i / a / e

2. o / i / a / e

3. o / i / a / e

4. o / i / a / e

5. o / i / a / e

6. o / i / a / e

Punti grammaticali

2.1 L'aggettivo

🔊 CD 1, TRACK 19

L'aggettivo al singolare o al plurale? Listen to the model sentence. Then form a new sentence by substituting the noun given as a cue and making all necessary changes. Repeat the response after the speaker.

> **Esempio**   Gisella è italiana. (Franco e Gino)
> *Franco e Gino sono italiani.*

1. _____

2. _____

3. _____

4. _____

5. _____

6. _____

2.2 *Buono* e *bello*

🔊 CD 1, TRACK 20

A. **Come sono buoni!** Answer each question, using the adjective **buono.** Then repeat the response after the speaker.

1. **Esempio**   Com'è il vino?   *È un buon vino.*

_____

_____

_____

_____

2. **Esempio**   Come sono i vini?   *Sono buoni vini.*

_____

_____

_____

🔊 CD 1, TRACK 21

B. **Le belle foto dall'Italia.** A friend is pointing out people and things to you in a photo. Respond by using **Che** plus the adjective **bello.** Then repeat the response after the speaker.

Esempio   Ecco un giardino.   *Che bel giardino!*

1. _____

2. _____

3. _____

4. _____

5. _____

6. _____

2.3 *Avere* (To have)

🔊 CD 1, TRACK 22

A. ***Avere* o *essere*?** For each of the following sentences, underline the form of **avere** or **essere** that you hear and then provide the corresponding infinitive. Each sentence will be repeated twice. If you do not recognize every word in a sentence, listen carefully for the verb.

Esempio   You hear: Claudio? Lui è dottore? Che bravo!
                 You underline: è / ha
                 You write: *essere*

1. sono / hanno _____

2. sono / hanno _____

3. sei / hai _____

4. siete / avete _____

5. sei / hai _____

6. siamo / abbiamo _____

🔊 CD 1, TRACK 23

B. **Che cosa hanno gli amici di Gina?** Listen to the model sentence. Then form a new sentence by substituting the nouns or pronouns given. Repeat each response after the speaker.

Esempio   Io ho un cane. (tu e Gina)   *Tu e Gina avete un cane.*

1. _____

2. _____

3. _____

4. _____

5. _____

6. _____

◁)) CD 1, TRACK 24

C. Che cosa non hanno gli studenti di Padova? Answer each question in the negative. Then repeat the response after the speaker.

Esempio   Avete una macchina voi?   *No, noi non abbiamo una macchina.*

1. _____

2. _____

3. _____

4. _____

5. _____

2.4 Frasi idiomatiche con *avere*

◁)) CD 1, TRACK 25

A. Io ho sete, e tu? Listen to the model sentence. Then form a new sentence by substituting the cue. Repeat the response after the speaker.

1. Esempio   sete   *Non ha sete Lei?*

_____

_____

_____

_____

_____

2. Esempio   Luigi ha ragione. (anche tu)   *Anche tu hai ragione.*

_____

_____

_____

_____

◁)) CD 1, TRACK 26

B. Grazie, non ho bisogno di niente. It's the evening before an important test. Your roommate wants to help you and is asking if you need certain things. Answer her questions in the negative. Then repeat the response after the speaker.

Esempio   Hai bisogno di una penna?   *No, non ho bisogno di una penna.*

1. _____

2. _____

3. _____

4. _____

5. _____

🔊 CD 1, TRACK 27

C. Una descrizione. During a radio interview, Adriana Soleri, a young Italian novelist, talks about Camilla, the main character **(protagonista),** in several of her books. Listen to her description of Camilla, which will be repeated twice. Then indicate whether the following statements are true **(Vero)** or false **(Falso).**

Esempio   You hear: La signora Soleri è di Livorno.
           You underline: Vero / <u>Falso</u>

1. La signora Soleri scrive *(writes)* libri per ragazzi.   Vero / Falso

2. La protagonista ha dodici anni.   Vero / Falso

3. Camilla ha i capelli lunghi.   Vero / Falso

4. Camilla ha gli occhi azzurri.   Vero / Falso

5. Camilla ha una bici verde.   Vero / Falso

6. Camilla non ha molti amici.   Vero / Falso

7. Camilla non ha paura di niente.   Vero / Falso

8. Camilla non ha mai *(never)* fame.   Vero / Falso

9. Camilla ha sempre voglia di un gelato.   Vero / Falso

10. Camilla è una ragazza noiosa.   Vero / Falso

Dettato   🔊 CD 1, TRACK 28

A. Dettato: Gina e Carmela. Listen to this short description of two young women: Gina and Carmela. It will be read the first time at normal speed, a second time more slowly so that you can supply the missing adjectives, and a third time so that you can check your work. Feel free to repeat the process several times if necessary.

Ho due _____ amiche: Gina e Carmela. Gina è una ragazza molto

_____, ha _____ amici e ha un gatto

_____. Carmela è molto _____, ha i

capelli _____ e gli occhi _____, non

ha un gatto ma ha una bicicletta _____. Gina è _____,

ma Carmela è _____.

🔊 CD 1, TRACK 29

B. All'Università di Bologna. Listen as Gina tells her friend Carmela about her new professors at the start of the school year. Then complete the sentences that follow based on their conversation. The dialogue will be repeated twice.

1. Il professore di matematica è molto _____.

2. La professoressa d'italiano è molto _____.

3. Il professore di latino è _____.

4. Sono una studentessa _____.

Attività video

A. Buon giorno! After you have watched this segment of the video, list a few of the greetings the interviewers have used.

_____   _____

_____   _____

    1. Che espressione usi quando incontri *(you meet)* un amico?

       _____ o _____ .

    2. Che espressione usi quando incontri il tuo professore/la tua professoressa?

       _____ o _____ .

B. Watch the video a second time and complete the sentences of some of the people interviewed.

    1. Una persona intervistata dice che è di Modena dove mangia i _____

       e i _____ .

    2. Un intervistato è di Palermo e il suo *(his)* piatto preferito è _____ .

    3. Un'intervistata dice che è golosa *(glotton)* e preferisce mangiare le

       _____ .

    4. Marco dice che il suo dolce preferito è il _____ , che significa

       _____ .

Vedute d'Italia   Il turismo sulla riviera italiana

A. Prima di leggere. The paragraphs below provide information about three locations; they are based on Internet sites aimed at prospective tourists. Before you read them, look carefully at the accompanying photos. Are you already familiar with any of the sites shown? Can you locate them on a map of Italy?

Amalfi

Amalfi, sulla costiera amalfitana al sud di Napoli, è un posto *(place)* bellissimo per passare le vacanze *(to have a vacation)*. Ci sono il mare, la costa e i terrazzamenti *(long flights of steps)* con giardini di buganville. Amalfi è un posto turistico molto frequentato per la bellezza del suo panorama e per il suo clima. Amalfi è vicino ad altre bellissime località, come Positano e l'isola di Capri.

Le Cinque Terre

Le Cinque Terre sono cinque villaggi sulla costa del Mar Ligure, al nord di La Spezia. Sono tra il mare e le montagne con scogliere *(cliffs)*, vigneti e terrazze di fiori. Le Cinque Terre sono: Monterosso, Vernazza, Corniglia, Manarola e Riomaggiore. È possibile andare da un villaggio all'altro con un treno locale, con la barca *(boat)* o a piedi *(on foot)*. Non è possibile andare in automobile.

Rimini

Rimini, nell'Emilia-Romagna, è il centro della splendida riviera sul Mare Adriatico. È uno dei centri turistici più conosciuti *(known)* per le sue spiagge *(beaches)*, i suoi alberghi, ostelli, campeggi *(camp sites)* e appartamenti. Rimini offre una grande, efficiente e modernissima organizzazione turistica. Infatti, durante l'anno 16 milioni di turisti arrivano dall'Italia e da altri paesi *(countries)* europei.

B. Alla lettura. Complete the following sentences with appropriate information from the reading.

1. Amalfi è un posto _____.

2. Ci sono _____.

3. Amalfi è un posto turistico molto frequentato per _____.

4. Le Cinque Terre sono _____.

5. È possibile andare da un villaggio all'altro con _____.

6. Rimini è il centro della _____.

7. Rimini offre una grande, _____.

8. I turisti arrivano _____.

Capitolo 3 All'università

Esercizi scritti

Studio di parole Il sistema italiano degli studi

A. Che cosa studiano? The students listed below are studying the subjects indicated. What course does each one take?

1. Marco: Napoleone, Garibaldi

   _____

2. Luisa: Michelangelo, Leonardo da Vinci

   _____

3. Filippo: computer, Internet

   _____

4. Elisabetta: russo, arabo

   _____

5. Enrico: animali, piante

   _____

6. Valeria: produzione, mercato

   _____

7. Alessio: Dante, Shakespeare

   _____

8. Marta: il comportamento (*behavior*) del bambino

   _____

9. Alberto: i mass media e la società

   _____

10. Anna: la politica, le elezioni

    _____

B. Un piccolo cruciverba (crossword puzzle)!

Orizzontali (Across):

1. Gli studenti studiano in...

4. Se suono il piano studio la...

5. L'opposto di presente è...

8. Se prendo una «A», prendo un bel...

9. Se studio il comportamento dei bambini, studio la...

10. Se studio i programmi per computer, studio l'...

Verticali (Down):

2. Sinonimo di professore

3. Se studio le formule, studio la...

6. Se studio la rivoluzione francese, studio la...

7. Se studio la produzione e il mercato, studio l'...

B	I	B	L	I	O	T	E	C	A

(Crossword grid with answers: BIBLIOTECA across top; CHIMICA down from C)

Punti grammaticali

3.1 Verbi regolari in -are: il presente

Che cosa fanno gli amici di Liliana? Change the verb form according to each subject in parentheses.

1. Liliana lavora in un ufficio. (io, voi, tu e io)

_____

_____

2. Voi giocate a tennis. (i ragazzi, noi, lui)

_____

_____

3. Antonio e Fido mangiano con appetito. (tu, Lei, voi due, Luigi e io)

_____

_____

4. La signora Rovati non compra dolci perché è grassa. (noi, io, anche tu)

_____

_____

5. Aspetto l'autobus. (lui e lei, tu, anche Antonio)

_____

_____

6. Il professore Bianchi spiega i verbi. (noi, Lucia, tu, io e lei)

_____

_____

7. Oggi studiamo una lezione di storia. (tu, voi, anch'io)

_____

_____

8. Ascolti musica classica alla radio. (voi, i ragazzi, io)

_____

_____

3.2 Le preposizioni

A. Di chi sono queste cose? Indicate the owner of each of the following things as in the example.

Esempio   (professore / penna)
            È la penna del professore.

1. (mamma / tavolo)

_____

2. (papà / sedia)

_____

3. (bambini / letti)

_____

4. (zio / macchina)

_____

5. (signori / casa)

_____

6. (studenti / esame)

_____

B. Dove sono queste cose e persone? Indicate where the following persons or things can be found, using the elements given.

Esempio   (su / dizionario / tavolo)   *Il dizionario è sul tavolo.*

1. (in / sedie / stanza)

_____

2. (a / Pietro / conferenza)

_____

3. (su / signori Bini / autobus)

_____

4. (in / fogli / cartoleria)

_____

5. (su / libri / scaffali)

_____

6. (su / fotografie / pareti)

_____

7. (in / stanza / edificio)

_____

3.3 Le preposizioni avverbiali

Dov'è l'hotel di Maria? Indicate the spatial relationship between Maria's hotel and each of the following places.

Esempio   (davanti / museo)   *L'albergo è davanti al museo.*

1. (vicino / stazione)

_____

2. (lontano / centro)

_____

3. (dietro / chiesa)

_____

4. (lontano / giardini)

_____

5. (davanti / posta)

_____

6. (fuori / città)

3.4 *Quale?* e *che? (Which? and what?)*

A. Siamo più specifici, non capisco. A friend is asking you where the following things are, but you want him to be more specific. Follow the example.

Esempio　　Dov'è il libro?　*Quale libro?*

1. Dove sono le lettere? _____

2. Dov'è il negozio? _____

3. Dove sono i monumenti? _____

4. Dov'è la banca? _____

5. Dov'è l'autobus? _____

B. Che... ! React with an exclamation to the following statements, according to the example.

Esempio　　Marco è un ragazzo molto bello.　*Che bel ragazzo!*

1. Gina è una studentessa molto brava. _____

2. La stanza di Maria è molto disordinata. _____

3. Il mio amico è un ragazzo molto simpatico. _____

4. Lisa e Gina sono due ragazze molto carine. _____

5. L'orologio di Luigi è molto bello. _____

Come si dice in italiano?

1. Here is a conversation between two roommates, Nina and Lori. They have the same art history class.

   _____

2. You are very messy, Nina. You have books, papers, and other things on the floor.

   _____

3. You're right. I am afraid because Professor Riva's exams are always difficult.

   _____

4. Are you studying today? _____

5. Yes. But first **(prima)** I need to go **(di andare)** to the library: I need two or three books.

   _____

6. Which books? _____

7. Three books on art history. _____

8. There is a beautiful garden behind the library; if you wish we (will) study there **(là)** together **(insieme).**

   _____

9. It is a good idea. Let's go.

   _____

Esercizi orali

Studio di parole   Il sistema italiano degli studi

🔊 CD 1, TRACK 30

Alla biblioteca dell'Università di Napoli. Four friends, Maria, Lisa, Alberto, and Francesco have met at the library. Listen to their conversation, which you will hear twice, focusing on what each person is studying today.

1. Maria studia _____.

   a. chimica

   b. storia

   c. matematica

   d. lingue straniere

   e. fisica

2. Lisa studia _____.

   a. chimica

   b. storia

   c. matematica

   d. lingue straniere

   e. fisica

3. Alberto studia _____.

   a. chimica

   b. storia

   c. matematica

   d. lingue straniere

   e. fisica

4. Francesco studia _____.

   a. chimica

   b. storia

   c. matematica

   d. lingue straniere

   e. fisica

Punti grammaticali

3.1 Verbi regolari in -*are:* il presente

🔊 CD 1, TRACK 31

A. Cantiamo tutti come Bocelli. Listen to the model sentence. Then form a new sentence by substituting the subject given. Repeat each response after the speaker.

Esempio   Bocelli canta bene. (io)
Io canto bene.

1. _____
2. _____
3. _____
4. _____
5. _____
6. _____

🔊 CD 1, TRACK 32

B. Impariamo a fare domande. Change each statement into a question. Then repeat the question after the speaker.

Esempio   Pietro compra un regalo.
Compra un regalo Pietro?

1. _____
2. _____
3. _____
4. _____
5. _____

🔊 CD 1, TRACK 33

C. Impariamo a rispondere di no. Answer each question in the negative. Then repeat the response after the speaker.

Esempio   Mangi spaghetti tu?
No, io non mangio spaghetti.

1. _____
2. _____
3. _____
4. _____
5. _____

CD 1, TRACK 34

D. Cosa fanno gli studenti? Listen to the descriptions of what various people are doing right now. Then match their actions to the scenes below by writing the letter of the drawing that corresponds to each statement. You will hear each statement twice.

1. _____
2. _____
3. _____
4. _____
5. _____
6. _____
7. _____
8. _____
9. _____
10. _____

3.2 Le preposizioni

 CD 1, TRACK 35

A. Dove sono e cosa fanno Anna e Carlo? Listen to the following statements and indicate which preposition—**a, in,** or **di**—is used in each case. Each statement will be repeated twice.

Esempio You hear: Luca abita a Milano.
You underline: <u>a</u> / in / di

1. a / in / di
2. a / in / di
3. a / in / di
4. a / in / di
5. a / in / di
6. a / in / di

CD 1, TRACK 36

B. Le preposizioni articolate: *sul, sulla?* Look at the drawing below and listen to the related statements. Indicate whether each is true **(Vero)** or false **(Falso)** by placing a checkmark beside the correct answer. Each sentence will be repeated twice.

| **Esempio** | You hear: Il dizionario è sul tavolo. |
| | You write a checkmark beside: Vero ___✓___ Falso _____ |

1. Vero _____ Falso _____   4. Vero _____ Falso _____

2. Vero _____ Falso _____   5. Vero _____ Falso _____

3. Vero _____ Falso _____

CD 1, TRACK 37

C. Di chi sono queste stanze? Paolo lives in a huge villa and is showing his friends the different rooms. Recreate Paolo's statements, using the cue and following the example. Then repeat the response after the speaker.

Esempio   il papà
          È la stanza del papà.

1. _____

2. _____

3. _____

4. _____

5. _____

6. _____

3.3 Le preposizioni avverbiali

CD 1, TRACK 38

A. Descriviamo l'Università di Parma. Listen to the description of the University of Parma to learn where each of the buildings mentioned is. Then provide the missing preposition in each of the sentences below. Each description will be repeated twice.

1. La biblioteca è _____ alla Facoltà di Lingue straniere.

2. La libreria è _____ la biblioteca.

3. Il ristorante Da Pino è _____ alla Facoltà di Matematica.

4. La Facoltà di Ingegneria è _____ la libreria.

5. La Facoltà di Matematica è _____ dalla biblioteca.

CD 1, TRACK 39

B. Dov'è Pierino? Pierino is a child who likes to play in his garage. Retrace his movements, using the cue. Then repeat the response after the speaker.

Esempio   dentro
Pierino è dentro la macchina.

1. _____
2. _____
3. _____
4. _____
5. _____

CD 1, TRACK 40

C. Lucia visita la città di Verona. Lucia is visiting a new city and is asking about different places. Using the cues, answer each of her questions. Then repeat the response after the speaker.

Esempio   Il museo è vicino all'università? (no / lontano)
No, è lontano dall'università.

1. _____
2. _____
3. _____
4. _____

3.4 *Quale?* e *che?* (*Which?* and *what?*)

🔊 CD 1, TRACK 41

A. Che cosa significa? A friend is asking you where the following things are, but you want him/her to be more specific by asking **Quale... ?** Repeat the response after the speaker.

Esempio   Dov'è il parco?
               Quale parco?

1. _____
2. _____
3. _____
4. _____
5. _____

🔊 CD 1, TRACK 42

B. Di che tipo? A friend is making a statement about the following things, but you want him/her to be more specific by asking **Che... ?** Repeat the response after the speaker.

Esempio   Oggi io ho una lezione.
               Che lezione?

1. _____
2. _____
3. _____
4. _____

Dettato   🔊 CD 1, TRACK 43

A. Dettato: La stanza di Marco. Listen to the description of Marco's room at the University of Parma. It will be read the first time at normal speed, a second time more slowly so that you can supply the missing words, and a third time so that you can check your work. Feel free to repeat the process several times if necessary.

Marco abita _____ un nuovo _____ in via Garibaldi, molto

_____ all'università. La stanza di Marco è molto _____ e

lui ha un compagno di stanza che si chiama Alberto.

    Ci sono due _____: una finestra dà _____

un bel parco, l'altra finestra invece dà _____ strada. Nella stanza ci

sono due _____, due _____ e due scrivanie.

_____ scrivanie ci sono molti oggetti: carte, _____,

libri, _____, una lampada e un computer. Alle pareti e sulla

_____ ci sono poster di cantanti rock, perché Marco e Alberto

_____ la musica rock e _____ la chitarra. Sul pavimento

ci sono molti fogli di carta. La stanza è disordinata perché Marco e Alberto sono molto occu-

pati: sono studenti di _____ all'Università di Parma e, quando sono liberi,

_____ . Marco lavora in un negozio vicino _____ , mentre

Alberto lavora _____ .

CD 1, TRACK 44

B. Com'è la stanza di Liliana? Listen now to the description of Liliana's room and answer the following questions. You will hear the description twice.

1. È in un nuovo edificio la stanza di Liliana?

_____

2. È grande la stanza di Liliana?

_____

3. Ha una compagna di stanza?

_____

4. Che mobili *(furniture)* ci sono nella stanza?

_____

5. Quali oggetti ci sono sul tavolo?

_____

6. Perché Liliana ha molte foto di panorami alle pareti?

_____

7. È ordinata la stanza di Liliana?

_____

8. Che cosa studia Liliana all'Università di Padova?

_____

9. Chi vede quando è libera?

_____

Vedute d'Italia   Cerco una stanza o un compagno/una compagna di stanza

A. Prima di leggere. The following room/roommate advertisements are from a university bulletin board. Although some of the language used is unfamiliar to you, as you read them, focus on the essential information a housing advertisement will probably contain: for example, the location, whether a male or female roommate is desired, and contact information.

A.

Cerco Alloggio

Studente universitario cerca una stanza in famiglia, con possibilità di uso cucina. Non fumatore. Referenze: scrivete a Luciano Ghilardi, presso famiglia Filon, via Unione 6, Vicenza.

B.

Cerco

Studentessa per condividere piccolo appartamento vicinanze università. Metà affitto più metà spese. Contratto scade fine agosto. Requisiti: non fumatrice e non avere animali domestici. Telefonate la sera dopo le 8 allo 02/99351.

C.

Studentessa di ingegneria cerco posto letto in camera singola. Spesa max 300 euro. Ricevo e-mail per offerte— mdalma@tin.it

D.

Cerco urgentemente compagno di stanza per dividere una stanza doppia in pieno centro, max 200 euro. Telefonare al 326-4523494— martaspasi@tiscali.it

B. Alla lettura. Look carefully at advertisement A and complete the following sentences.

1. Lo studente cerca _____.

2. Lo studente desidera l'uso della _____.

3. Per referenze scrivete a _____.

Now look carefully at advertisement B and complete the following sentences.

4. Lo studente/La studentessa cerca una studentessa per _____.

5. La studentessa paga _____.

6. Il contratto scade (*expires*) _____.

7. I requisiti sono _____.

8. La studentessa telefona al _____.

Then read advertisement C and answer the following questions.

9. Che cosa studia la studentessa? _____

10. Che cosa cerca? _____

11. Che cosa riceve? _____

Now read advertisement D and answer the following questions.

12. Che cosa cerca questo studente/questa studentessa?

_____

13. Dove ha la stanza?

_____

14. Quanto paga?

_____

15. A quale numero telefoni?

_____

Capitolo 4   A tavola

Esercizi scritti

Studio di parole   Pasti e piatti

A. Il menù. Give the appropriate title to each group of dishes. Choose from the following list:
dolci, antipasti, pesce, secondi di carne, frutta, contorni, primi piatti.

1. _____: patate fritte, insalata verde, insalata mista

2. _____: risotto alla pescatora, spaghetti alle vongole, tortellini alla panna

3. _____: prosciutto e melone, salmone affumicato, misto di mare freddo

4. _____: bistecca alla griglia, scaloppine al marsala, pollo alla diavola

5. _____: zuppa inglese, torta della nonna, gelato in coppa

6. _____: sogliola alla mugnaia, trota al burro, fritto misto

7. _____: macedonia, frutta di stagione, frutta secca

B. Abitudini alimentari. Complete the following statements with your own preferences.

1. **A casa**

   a. A colazione prendo _____.

   b. A pranzo mangio _____.

   c. A cena bevo _____.

2. **Al ristorante**

   a. Come antipasto prendo _____.

   b. Come primo piatto prendo _____.

   c. Come secondo piatto prendo _____.

   d. Come contorno prendo _____.

   e. Bevo _____.

3. **Al bar**

   a. A colazione prendo _____.

   b. A pranzo prendo _____.

   c. Bevo _____.

   d. Nel pomeriggio prendo _____.

Punti grammaticali

4.1 Verbi regolari in -ere e -ire: il presente

A. **Cosa fanno queste persone?** The following are activities that take place in a restaurant. Complete each sentence with the appropriate form of the verb in parentheses.

1. (servire) I camerieri _____ il pranzo.

2. (prendere) Alcune signore _____ un gelato.

3. (rispondere) La mamma _____ al telefono.

4. (aprire) Una signorina _____ il regalo.

5. (offrire) Un cameriere _____ dell'acqua a dei bambini.

6. (leggere) Molte persone _____ il giornale.

B. **Al caffè dell'Università di Torino.** The following sentences are fragments of conversations that one might hear at a café frequented by students. Answer each question with a logical sentence, as if you were in that café.

Esempio   Io leggo il libro d'italiano. E voi?
               Noi leggiamo il libro di storia.

1. Stasera io vedo un film di Bertolucci. E voi?

   _____

2. Lui segue tre corsi. E tu?

   _____

3. Lo zio di Pietro vive a New York. E gli zii di Carlo?

   _____

4. Noi dormiamo otto ore. E lui?

   _____

5. Noi riceviamo brutti voti. E loro?

   _____

6. Lui scrive una lettera a un amico. E tu?

   _____

7. Io chiedo soldi a papà. E voi?

   _____

8. Il padre di Marcello parte in aereo. E voi?

   _____

9. Noi prendiamo un caffè. E tu?

   _____

4.2 Verbi in -ire con il suffisso -isc-

A. Cosa fanno nella famiglia di Marco? Complete each sentence with the appropriate form of the verb.

Esempio   Tu finisci presto. Anche Marco _____ presto.
*Tu finisci presto. Anche Marco **finisce** presto.*

1. Io restituisco i libri. Anche loro _____.

2. Voi non capite bene. Anch'io non _____.

3. Tu costruisci una casa. Anche noi _____.

4. Noi finiamo il lavoro. Anche voi _____.

5. Maria pulisce la stanza. Anche loro _____.

B. Non tutti fanno le stesse cose. Show that there is disagreement between the people below by completing each sentence with the appropriate form of the verb.

Esempio   Io finisco i compiti presto, mentre *(while)* il mio compagno _____ i compiti tardi.
*Io finisco i compiti presto, mentre il mio compagno **finisce** i compiti tardi.*

1. Mio padre costruisce una villa al mare, mentre i miei zii _____ una villa a Como.

2. Io finisco il mio lavoro alle 5.00, mentre i miei fratelli _____ il loro alle 6.00.

3. Io restituisco i soldi a mia madre, mentre mia sorella _____ i soldi raramente.

4. Mio padre capisce i miei problemi, mentre io e mio fratello non _____ i suoi.

5. Io preferisco il golf, mentre il mio amico _____ il tennis.

4.3 Il partitivo (some, any); alcuni, qualche, un po' di

A. Di che cosa ho bisogno per il pranzo? Complete the following with **di** plus the correct form of the article.

Esempio   _____ birra.   *Ho bisogno **della** birra.*

Oggi io preparo il pranzo e ho bisogno _____ pasta, _____
carne, _____ vino, _____ spaghetti, _____
pane, _____ pomodori, _____ caffè, _____
spinaci, _____ zucchero e _____ spumante.

B. Più di uno. Answer each question, replacing the article with the partitive and making the necessary changes.

Esempio   Hai un libro d'italiano?   *Sì, ho dei libri d'italiano.*

1. Hai un'amica simpatica? _____

2. C'è un albero in piazza? _____

3. C'è una foto alla parete? _____

4. Avete una fotografia di Anna? _____

5. Ascoltate un disco? _____

6. Invitate un ragazzo alla festa? _____

C. Facciamo o non facciamo queste cose? Answer each question in the affirmative or the negative and replace the article with the partitive when necessary.

Esempio   Hai degli amici? (sì / no)   *Sì, ho degli amici. / No, non ho amici.*

1. Offri del gelato? (sì)

   _____

2. Servite dei dolci? (no)

   _____

3. Scrivete delle lettere? (no)

   _____

4. Prendi dello zucchero? (no)

   _____

5. Avete degli esami oggi? (no)

   _____

6. Leggete dei giornali? (sì)

   _____

D. Usiamo *qualche*. Answer each question in the affirmative, replacing the partitive with **qualche** and making the necessary changes.

Esempio   Ci sono dei regali?   *Sì, c'è qualche regalo.*

1. Scrivete degli inviti?

   _____

2. Avete delle opinioni?

   _____

3. Ci sono delle macchine nella strada?

   _____

4. Ricevi dei regali per il tuo compleanno?

   _____

E. Usiamo *un po' di*. Answer each question in the affirmative and replace the partitive with **un po' di**.

Esempio   C'è del pane?   *Sì, c'è un po' di pane.*

1. Servite del formaggio? _____

2. Compri del prosciutto? _____

3. Prendi del pane? _____

4. C'è del pollo nel frigo? _____

Attività video

A. Piatti preferiti. Dopo che avete guardato questa sezione del video, in gruppi di tre studenti, fatevi a turno le seguenti domande.

1. Che cosa produce l'agriturismo dove Marco e Giovanni si fermano a dormire?

2. Com'è la pasta che mangiano stasera?

3. La prima persona intervistata dice che preferisce _____ però le piace tutto.

4. A un'altra persona piace la pizza, ma anche la paella col _____.

5. Una persona dice che preferisce la carne e mangia poco pesce. Perché?

B. Rispondete alle seguenti domande.

1. Quali sono tre primi piatti tipici a Bologna?

   a. _____

   b. _____

   c. _____

2. Quando si mangia un buon pranzo, si deve (*one must*) bere un _____.

3. In Italia ogni regione ha la sue _____.

Esercizi orali

Studio di parole   Pasti e piatti

◁)) CD 2, TRACK 2

A. Al ristorante «Bell'Italia». You will hear four short conversations that take place at a restaurant in Italy. Match each conversation with the appropriate description. You will hear each conversation twice.

1. _____ Two friends have an afternoon drink at a bar.

2. _____ Two friends have lunch in a café.

3. _____ Two friends have breakfast at a café.

4. _____ Two friends have lunch in a nice restaurant.

◁)) CD 2, TRACK 3

B. Cosa ordinano? Listen again to the four conversations among customers at a restaurant. Then answer the following questions. You will hear each conversation twice.

Dialogue A

1. What does each person order? _____

_____

2. What do they order to drink? _____

_____

Dialogue B

1. What are the names of the two friends? _____

_____

2. Who orders a **pizzetta?** _____

_____

Dialogue C

1. Which friend is paying today? _____

_____

2. Does Lorenzo end up drinking an **aranciata?** If not, what does he order?

_____

_____

Dialogue D

1. What do the two friends order? _____

_____

2. Why doesn't Carla order coffee? _____

_____

Punti grammaticali

4.1 Verbi regolari in -*ere* e -*ire*: il presente

CD 2, TRACK 4

A. Noi leggiamo molto. Listen to the model sentence. Then form a new sentence by substituting the subject given. Repeat the response after the speaker.

Esempio   Io leggo molti libri. (tu)   *Tu leggi molti libri.*

1. _____
2. _____
3. _____
4. _____

CD 2, TRACK 5

B. Quanto dormono a casa di Luisa! Listen to the model sentence. Then form a new sentence by substituting the noun or pronoun given and making all necessary changes. Repeat the response after the speaker.

Esempio   Quante ore dormi tu? (Luisa)   *Quante ore dorme Luisa?*

1. _____
2. _____
3. _____
4. _____
5. _____

CD 2, TRACK 6

C. Rispondiamo alle domande di Marisa. Marisa is asking Gianna about things she and her friends are doing. Use the cue and follow the example to answer each of Marisa's questions. Then repeat the response after the speaker.

Esempio   Leggi il giornale adesso? (no)   *No, non leggo il giornale adesso.*

1. _____
2. _____
3. _____
4. _____
5. _____
6. _____

CD 2, TRACK 7

D. Le attività degli studenti. Listen as each person describes his/her favorite activity. Then write in the person's name beside the illustration of that activity. You will hear each description twice.

a. _____

b. _____

c. _____

d. _____

e. _____

f. _____

4.2 Verbi in *-ire* con il suffisso *-isc-*

CD 2, TRACK 8

A. Cosa fanno gli studenti del tuo corso d'italiano? Listen as Laura describes what some of her schoolmates are doing this afternoon. Then indicate which form of one of the following verbs—**capire, preferire, finire, pulire, restituire**—is used in each statement. You will hear each sentence twice.

Esempio   You hear: Carlo finisce i compiti.
    You underline: capisce / preferisce / <u>finisce</u> / pulisce / restituisce

1. capiscono / preferiscono / finiscono / puliscono / restituiscono

2. capisci / preferisci / finisci / pulisci / restituisci

3. capiamo / preferiamo / finiamo / puliamo / restituiamo

4. capite / preferite / finite / pulite / restituite

5. capisce / preferisce / finisce / pulisce / restituisce

6. capisco / preferisco / finisco / pulisco / restituisco

CD 2, TRACK 9

B. Oggi tutti non capiscono niente! Listen to the model sentence. Form a new sentence by substituting the subject given. Then repeat the response after the speaker.

Esempio   Io non capisco la domanda. (tu)
    Tu non capisci la domanda.

1. _____

2. _____

3. _____

4. _____

CD 2, TRACK 10

C. Cosa preferiscono fare i familiari di Piero? Using the cues, state how the following people prefer to spend their time. Then repeat the response after the speaker.

Esempio   Tu preferisci viaggiare. (Piero / leggere)
    Piero preferisce leggere.

1. _____

2. _____

3. _____

4. _____

5. _____

4.3 Il partitivo *(some, any); alcuni, qualche, un po' di*

🔊 CD 2, TRACK 11

A. L'ora del tè a casa della nonna. Listen to the preferences expressed by guests during tea time at grandma's house. Then indicate which of the following—**alcuni/e, qualche,** or **un po' di**—is used in each case. You will hear each statement twice.

Esempio   You hear: Piero prende un po' di acqua minerale.
You underline: alcuni/e / qualche / <u>un po' di</u>

1. alcuni/e / qualche / un po' di

2. alcuni/e / qualche / un po' di

3. alcuni/e / qualche / un po' di

4. alcuni/e / qualche / un po' di

5. alcuni/e / qualche / un po' di

6. alcuni/e / qualche / un po' di

🔊 CD 2, TRACK 12

B. Che cosa ordiniamo al ristorante? Complete the model sentence by using the cue and the appropriate partitive. Repeat each response after the speaker.

Esempio   Noi ordiniamo... (vino)
Noi ordiniamo del vino.

1. _____

2. _____

3. _____

4. _____

5. _____

6. _____

🔊 CD 2, TRACK 13

C. Non siamo specifici. Answer each question affirmatively, replacing the article with the appropriate partitive. Repeat each response after the speaker.

Esempio   Servi la carne?
Sì, servo della carne.

1. _____

2. _____

3. _____

4. _____

5. _____

4.4 *Molto, tanto, troppo, poco, tutto, ogni*

🔊 CD 2, TRACK 14

A. Al supermercato. Listen to the following statements overheard at a supermarket and indicate which form of **molto—molto, molta, molti, molte**—is used in each case. You will hear each statement twice.

Esempio   You hear: Paolo mangia molta pasta.
          You underline: molto / <u>molta</u> / molti / molte

1. molto / molta / molti / molte

2. molto / molta / molti / molte

3. molto / molta / molti / molte

4. molto / molta / molti / molte

5. molto / molta / molti / molte

6. molto / molta / molti / molte

🔊 CD 2, TRACK 15

B. Troppo da fare! Modify each sentence by replacing the definite article with the correct form of **troppo**. Repeat each response after the speaker.

Esempio   Noi abbiamo i compiti.
          Noi abbiamo troppi compiti.

1. _____

2. _____

3. _____

4. _____

Dettato   🔊 CD 2, TRACK 16

A. Dettato: La festa di compleanno di Gabriella. Listen as Filippo describes Gabriella's birthday party. His description will be read the first time at normal speed, a second time more slowly so that you can supply the missing words, and a third time so that you can check your work. Feel free to repeat the process several times if necessary.

Oggi Gabriella compie _____ anni: è un giorno _____ importante.

Ci sono _____ amici alla festa. Marcello porta _____ bottiglie di

spumante. Liliana porta dei _____ al prosciutto, mentre Antonio _____

la chitarra alla festa, perché lui è sempre al verde. Io invece porto del _____

rosso e una _____ Motta. Lucia prepara un _____ con le

_____. È una bella festa!

CD 2, TRACK 17

B. Gabriella organizza la sua festa di compleanno. Listen as Gabriella discusses with her mother how to organize her birthday party. Feel free to listen to the dialogue several times if necessary. Then answer the following questions.

1. Chi invita Gabriella?

   _____

2. Perché Gabriella invita solo cinque amici?

   _____

3. Che antipasto prepara Gabriella?

   _____

4. Chi porta l'arrosto?

   _____

5. Chi porta i panini al prosciutto?

   _____

6. Chi porta il dolce?

   _____

Attività video

A. I piatti tipici. Dopo che avete guardato un'altra volta questa sezione del video, in gruppi di due o tre studenti, scegliete *(choose)* quale di queste due affermazioni è giusta.

   1. a. Questa sera Marco cucina.

   b. Questa sera Marco mangia in un agriturismo.

   2. a. L'agriturismo produce olio e vino.

   b. L'agriturismo produce prosciutto e salame.

   3. a. Marco non beve mai vino.

   b. Marco dice che il vino fa bene alla salute *(health)*.

**B. Rispondete alle seguenti domande.

   1. Perché una persona intervistata dice che mangia poco pesce? _____

   2. Perché una persona intervistata non è entusiasta della cucina in America? _____

   3. Con cosa incomincia un pranzo in Italia, secondo Marco? _____

   4. Con cosa finisce? _____

Vedute d'Italia Dove andiamo a mangiare?

A. Prima di leggere. You are about to read four advertisements for Italian restaurants. Focus on what type of restaurant is being described in each case, and on that basis, decide what kinds of dishes each may serve.

Paninoteca Arcobaleno

Birreria, gelateria, bar, caffè nel bel centro storico di Rimini!

Corso Garibaldi 37
47900 Rimini
Tel. 0541-93456
e Fax 0541-93457

TRATTORIA
Enzo & Piero
di MA.MI.MA. s.r.l.

Via Faenza, 105/r – 50123 FIRENZE
TEL. e FAX 21.49.01

VERA CUCINA CASALINGA

Cod. fisc. e part. IVA 00469830483

Ristorante del capitano
di Bordin Carlo

Bar • Ristorante • Locanda • Paninoteca

sede: Piazza Marconi, 21
Tel. (0187) 812201
19018 VERNAZZA (SP)
dom. fisc.: Via Visconti, 23 – 19018
VERNAZZA (SP)

C.F. BSS GCM 28E12 L774V – P. IVA 00036920114

Pizzeria «S. Lucia»

di SERVODIO e C. s.n.c.

PIAZZA MARTIRI DELLA LIBERTA 42   TELEFONO (0185) 287163
16038 SANTA MARGHERITA LIGURE

Cod. Fisc. 009677 40 101   P. IVA 00174650994
Reg. Soc. Trib. Chiavari No 2470/2514   C.C.I.A.A. di Genova No 232569

B. Alla lettura. Now suggest what dishes each restaurant is likely to serve by making selections from the list below.

> tortellini alla panna / pizza margherita / scaloppine / dolce della nonna / prosciutto e melone / pollo alla cacciatora / pizzetta / pasta alla bolognese / dolce tiramisù / vino Chianti / acqua minerale / aranciata / gelato / i cannelloni alla napoletana / panino con arrosto / melanzane / bistecca / braciola ai ferri / il pesce fritto / patate fritte / birra / panino caldo al prosciutto e formaggio

Trattoria Enzo e Piero: _____

Pizzeria «S. Lucia»: _____

Ristorante del Capitano: _____

Paninoteca Arcobaleno: _____

Capitolo 5 Attività e passatempi

Esercizi scritti

Studio di parole Il telefono

A. Gioco di abbinamento *(Matching game).* Match each word or expression in column A with the correct definition from column B.

A

1. _____ prefisso
2. _____ occupato
3. _____ l'elenco telefonico
4. _____ il (la) centralinista
5. _____ il telefono pubblico
6. _____ pronto

B

a. Il libro con i numeri di telefono
b. Abbiamo bisogno di questo numero per fare una telefonata interurbana.
c. Parliamo con questa *(this)* persona quando abbiamo bisogno di aiuto *(help)*.
d. Usiamo questo telefono quando non siamo a casa.
e. Rispondiamo al telefono con la parola...
f. Quando la persona che noi chiamiamo è al telefono, il suo telefono è...

B. Una telefonata. Carlo calls Filippo to make plans for the evening. Put their conversation in the proper order by numbering their statements from 1 to 7.

_____ —Oh, ciao Carlo!

_____ —Ciao.

_____ —Pronto?

_____ —Cosa facciamo stasera?

_____ —D'accordo. A stasera.

_____ —Perché non andiamo al cinema?

_____ —Pronto! Sono Carlo.

Punti grammaticali

5.1 Verbi irregolari in *-are*

A. Cosa fanno queste persone? Complete each sentence using the appropriate form of **andare, dare, stare,** or **fare.**

1. Noi _____ al mercato *(market)* in bicicletta.
2. Tutte le mattine i ragazzi _____ la doccia.
3. Quando ha tempo, lei _____ a teatro.
4. _____ colazione la mattina, tu?
5. Loro _____ a teatro una volta alla settimana.
6. Bambini, perché non _____ zitti *(quiet)*?
7. Mamma, dove _____ a fare la spesa?
8. Io _____ per chiamare la centralinista.
9. Francesco _____ un libro a Gina.

B. Un sabato a casa di Dino e Lucia. Complete the following paragraph with the appropriate form of the verbs in parentheses.

Oggi è sabato. Io (fare) _____ la spesa, e poi i bambini e io

(fare) _____ una passeggiata a piedi in città. Dino invece, (stare)

_____ a casa perché non (stare) _____ molto

bene. Questa sera Dino ed io (andare) _____ da alcuni amici che (who)

(dare) _____ una festa. Questi amici (stare) _____

in via Garibaldi, non molto lontano. Noi (fare) _____ la doccia e, dopo

cena, (dare) _____ un bacio (kiss) ai bambini e, finalmente, (andare)

_____ dagli amici.

C. Facciamo domande al professore. Pretend you are a professor and answer the following questions. Begin each answer with the verb.

Esempio   Fa o non fa colazione la mattina?   *Faccio colazione la mattina.*

1. Fa molte o poche passeggiate Lei?

   _____

2. Dà o non dà del «tu» quando Lei parla agli amici?

   _____

3. Fa o non fa domande Lei in classe?

   _____

4. Dove va a mangiare Lei a mezzogiorno?

   _____

5. Fa molte o poche fotografie Lei?

   _____

6. Fa o non fa un viaggio presto (soon)?

   _____

5.2 I giorni della settimana

Che giorno della settimana è festa? Complete each sentence by indicating the days of the week associated with the following activities or holidays. Use the appropriate form of the definite article when necessary.

1. Gli studenti americani non vanno a scuola _____ e _____.
2. Il giorno di Thanksgiving è sempre l'ultimo (last) _____ di novembre.
3. Quest'anno il giorno di Natale (Christmas) arriva di (on) _____.
4. La settimana di uno studente incomincia _____ e finisce _____.
5. Molti Italiani vanno in chiesa _____.

5.3 *Quanto? (How much?)* e i numeri cardinali

A. Formiamo delle domande. Ask the questions that would elicit the following answers.

Esempio   Abbiamo due gatti.
Quanti gatti avete?

1. I Rossi hanno tre bambine.

_____

2. 7 × 7 fa 49.

_____

3. Marco ha 250 dollari.

_____

4. Ci sono tre fontane in piazza.

_____

5. Ci sono 28 giorni a febbraio.

_____

6. Ho 22 anni.

_____

B. Scriviamo i numeri in italiano. Write the following sentences in Italian, spelling out the numbers.

1. There is 1 house.

_____

2. There are 26 boys.

_____

3. There are 358 pages.

_____

4. There are 60 million inhabitants.

_____

5. There are 14 days.

_____

6. There are 4,450 dollars.

_____

7. There are 60 minutes.

_____

8. There are 100 years.

_____

C. Quanto fa? Write out the answers to the following arithmetic problems.

   1. Dodici (più) ventiquattro _____.

   2. Settantadue (meno) trentuno _____.

   3. Venti (per) cinque _____.

   4. Duemila (diviso) quattro _____.

D. Quanto costa? Mirella wants to buy a present for her boyfriend and is asking you how much each item costs.

   Esempio Quanto costa una motocicletta? (500 dollari) *Costa cinquecento dollari.*

   Quanto costa...

   1. una chitarra elettrica? (360 dollari) _____

   2. una bicicletta? (255 dollari) _____

   3. un orologio *(watch)* Gucci? (150 dollari) _____

   4. un viaggio *(trip)* in Italia? (2.000 dollari) _____

E. Quanti sono? Write out the answers to the following questions.

   1. Quanti giorni ci sono in un anno? _____

   2. Quanti anni ci sono in un secolo? _____

   3. Quante settimane ci sono in un anno? _____

   4. Quanti giorni ci sono nel mese di dicembre? _____

   5. Quanti anni hai? _____

5.4 I mesi e la data

A. Quando partono e quando ritornano? Write out the departure and arrival dates of each person, using a complete sentence.

   Esempio Piero: 26/12–3/1 *Piero parte il ventisei dicembre e ritorna il tre gennaio.*

   1. Mirella: 11/7–1/9

   _____

   2. i signori Lamborghini: 15/4–21/6

   _____

   3. Marcello: 14/8–31/10

   _____

   4. il Presidente: 21/2–1/3

   _____

B. Quando sono nate le seguenti persone famose? Write out the year in which each person was born, using a complete sentence.

Esempio   George Washington (1732)
George Washington nacque (was born) *nel millesettecentotrentadue.*

1. Dante Alighieri (1265) _____

2. Michelangelo Buonarroti (1475) _____

3. Galileo Galilei (1564) _____

4. Giuseppe Garibaldi (1807) _____

Come si dice in italiano?

1. On Fridays, Giulia walks **(andare a piedi)** to the university with Maria.

   _____

2. Today, however, Maria stays home because she is not well; so Giulia goes to the university by bus.

   _____

3. At the library, she sees a friend: "Hi Paola. What are you doing here?"

   _____

4. I am reading a book on **(sull')** Italian art.

   _____

5. How many classes are you taking this **(questo)** quarter?

   _____

6. Three: a psychology class, an English class, and an art history class.

   _____

7. In the afternoon, Giulia takes a walk and then makes a phone call to Maria.

   _____

8. Maria answers: "Hello? Who is speaking?"

   _____

9. This is (I am) Giulia. How are you?

   _____

10. I am fine now, thank you.

    _____

11. Are we going to Gianni's party on Sunday?

    _____

12. Sorry, but on Sunday I go to the movies with my little sister **(la mia sorellina)**.

    _____

Esercizi orali

Studio di parole   Il telefono

 CD 2, TRACK 18

Prendiamo messaggi telefonici. You are house-sitting for Italian friends over the weekend and take two phone messages for members of the family. Complete the following message slips with the basic information. You will hear each phone call twice.

1.

Messaggio importante
Per chi? _____
Chi telefona? _____
Messaggio: _____
_____
_____
_____
_____

2.

Messaggio importante
Per chi? _____
Chi telefona? _____
Messaggio: _____
_____
_____
_____
_____

Punti grammaticali

5.1 Verbi irregolari in -are

 CD 2, TRACK 19

A. Cosa fanno gli Italiani in centro a Milano? You will hear twice what some people who live in Milan like doing on Sunday morning. Listen carefully and match each description with the appropriate drawing.

1. _____
2. _____
3. _____
4. _____
5. _____
6. _____

a.
b.
c.

d.
e.
f.

CD 2, TRACK 20

B. Dove vanno gli studenti dopo le lezioni? Listen to where various students who attend the University of Naples are going after their classes. You will hear each sentence twice. Fill in the subject(s) and the form of the verb **andare** that you hear.

1. _____ al cinema.

2. _____ a casa.

3. _____ in biblioteca.

4. _____ a giocare a basket.

5. _____ al parco.

6. _____ in palestra.

CD 2, TRACK 21

C. Usiamo *stare*. Form a new sentence by substituting the subject given as a cue and making all necessary changes. Repeat each response after the speaker.

Esempio   Sto bene e do una festa. (la signora)
                 La signora sta bene e dà una festa.

1. _____

2. _____

3. _____

4. _____

5.2 I giorni della settimana

CD 2, TRACK 22

A. Cosa fa Lucia durante la settimana? Listen as Lucia describes what she does every day of the week. Indicate when she performs each activity by underlining the correct day or days of the week for each statement. Each sentence will be repeated twice.

Esempio   You hear: Lucia studia il lunedì, il mercoledì e il venerdì.
                 You underline: <u>lunedì</u> / martedì / <u>mercoledì</u> / giovedì / <u>venerdì</u> / sabato / domenica

1. lunedì / martedì / mercoledì / giovedì / venerdì / sabato / domenica

2. lunedì / martedì / mercoledì / giovedì / venerdì / sabato / domenica

3. lunedì / martedì / mercoledì / giovedì / venerdì / sabato / domenica

4. lunedì / martedì / mercoledì / giovedì / venerdì / sabato / domenica

5. lunedì / martedì / mercoledì / giovedì / venerdì / sabato / domenica

6. lunedì / martedì / mercoledì / giovedì / venerdì / sabato / domenica

CD 2, TRACK 23

B. La settimana di Linda. Linda is a very methodical person and has a specific activity for each day of the week. Use the cue to amplify each sentence. Then repeat the response after the speaker.

Esempio Va in biblioteca. (lunedì)   *Il lunedì va in biblioteca.*

1. _____
2. _____
3. _____
4. _____
5. _____
6. _____

5.3 *Quanto? (How much?)* e i numeri cardinali

CD 2, TRACK 24

A. Contiamo in italiano. Count from zero to twenty in Italian, repeating each number after the speaker.

_____ _____ _____ _____

_____ _____ _____ _____

_____ _____ _____ _____

_____ _____ _____ _____

_____ _____ _____ _____

CD 2, TRACK 25

B. A quale numero abiti? Listen to the following statements about people's street addresses and write the number you hear in each case. You will hear each statement twice.

Esempio You hear: Maria Luisa abita al numero quarantatrè.   You write: *43*

1. _____   4. _____
2. _____   5. _____
3. _____   6. _____

CD 2, TRACK 26

C. Formiamo le domande. Give the question that would elicit each of the following answers. Repeat each question after the speaker.

Esempio Papà ha quarantanove anni.   *Quanti anni ha papà?*

1. _____
2. _____
3. _____
4. _____

5.4 I mesi e la data

🔊 CD 2, TRACK 27

A. Impariamo i mesi dell'anno. Repeat after the speaker.

I mesi dell'anno:

_____ _____ _____ _____ _____ _____

_____ _____ _____ _____ _____ _____

🔊 CD 2, TRACK 28

B. Le vacanze degli Italiani. Listen to the statements about various Italian holidays and write down the day and month of each one. You will hear each sentence twice.

Esempio   You hear: Oggi è la Festa del Lavoro; è il primo maggio.
                You write: *1/5*

1. _____
2. _____
3. _____
4. _____
5. _____
6. _____

🔊 CD 2, TRACK 29

C. Sergio è sempre un mese in anticipo! Sergio is always mistaken about his friends' birthdays. Every time he asks about one, he believes it to be one month earlier. Following the example, formulate the right answer to each of his questions. Then repeat the response after the speaker.

Esempio   È in agosto il compleanno di Marisa?
                No, è in settembre.

1. _____
2. _____
3. _____
4. _____

🔊 CD 2, TRACK 30

D. Impariamo le date in italiano! Repeat the following dates after the speaker.

1. nel 1918   nel 1945
   nel 1989   nel 1492

2. il 25 luglio 1943   il 14 luglio 1789
   il 22 febbraio 1732

3. il 25/12   il 14/2
   il 1/11

Dettato

🔊 CD 2, TRACK 31

A. Dettato: La settimana di Liliana.
Listen as Liliana describes her weekly activities. Her comments will be read the first time at normal speed; a second time more slowly so that you can supply the missing verbs, verbal expressions, and days of the week; and a third time so that you can check your work. Feel free to repeat the process several times if necessary.

Lunedì _____ all'università presto perché _____

andare in biblioteca a studiare per le lezioni del giorno. Nel pomeriggio vedo Nina e

_____ a prendere un gelato.

   Martedì vado a trovare la mamma e _____ le spese. La sera vedo Carlo

e _____ al cinema.

_____ ho lezione di letteratura inglese e di matematica. Nel pomeriggio

_____ studiare ma non _____ perché desidero vedere

gli amici.

_____ studio _____ il giorno! Lucia telefona e

domanda se _____ al parco con lei. Io vorrei _____

al parco, ma non è possibile, perché domani ho un esame di matematica e _____

a casa a studiare.

   Venerdì _____ l'esame di matematica. La sera vedo Carlo e

_____ insieme in discoteca con gli amici. Sono contenta perché domani è sabato

e io _____ fino a tardi (late).

   Sabato mattina Lucia telefona perché _____ di fare le spese.

_____ al centro commerciale la mattina e nel pomeriggio

_____ una passeggiata al parco.

   Domenica mattina _____ in chiesa con Carlo e nel pomeriggio

_____ un giro in macchina. La sera _____ a mangiare la

pizza con gli amici.

   Che bella settimana!

B. Chi vede e cosa fa Liliana questa settimana?
After completing Liliana's comments about her week, answer the following questions.

1. Quando va in biblioteca? _____

2. Quando vede Nina? Cosa fanno? _____

3. Quando vede Carlo? _____

4. Quando fa le spese con la mamma? _____

5. Quando va in discoteca con gli amici? _____

6. Quando fa una passeggiata al parco? Con chi? _____

7. Quando fa un giro in macchina? Con chi? _____

Vedute d'Italia Attività per il weekend

A. Prima di leggere. You are about to read what young people (and not so young people) like to do on weekends. First read the description of the four activities pictured here, then answer the questions that follow. Add which of these activities you prefer to do.

Andiamo al cinema? Andare al cinema è una della attività preferite durante il weekend, specialmente nella stagione invernale *(winter season)*. Il cinema è sempre popolare, anche se *(even though)* molti preferiscono noleggiare i DVD.

La partita allo stadio. La partita della domenica è l'attività preferita dai tifosi *(fans)* di calcio. Ogni città ha due squadre *(teams)* e la competizione è feroce. I tifosi si ritrovano *(meet)* al caffè dopo la partita per discutere sui risultati.

Una gita ai laghi. Una gita al Lago di Como è molto piacevole *(pleasant)* specialmente durante la stagione estiva *(summer season)*. Il Lago di Como attira visitatori e turisti per la bellezza del suo panorama. Da Milano si arriva a Como in circa *(about)* un'ora, con il treno, la macchina o una Vespa (il mezzo preferito dai giovani).

Sabato sera in discoteca. Per i giovani la discoteca è una delle attività preferite per il sabato sera. Si ritrovano con gli amici per ballare, scambiarsi quattro chiacchiere *(to chat)* e per stare in compagnia.

B. Alla lettura. Read the four paragraphs a second time and answer the following questions.

1. In quale stagione la gente *(people)* preferisce andare al cinema? _____

2. Cosa preferiscono fare molti invece di *(instead of)* andare al cinema? _____

3. Come si chiamano gli appassionati di uno sport? _____

4. Dove si ritrovano i tifosi dopo le partite di calcio? Perché? _____

5. In quale stagione è molto piacevole una gita al Lago di Como? _____

6. Perché il Lago di Como attira visitatori e turisti? _____

7. In quanto tempo si arriva *(one arrives)* a Como da Milano? Con che mezzi *(means)*?

   _____

8. Dove piace ai giovani ritrovarsi al sabato sera? _____

9. Perché si incontrano in una discoteca? _____

Capitolo 6   La famiglia

Esercizi scritti

Studio di parole   *L'albero genealogico*

A. Chi è? Complete the following sentences with the appropriate family vocabulary.

1. Il padre di mia madre è mio _____.

2. La sorella di mia madre è mia _____.

3. Il figlio di mia madre è mio _____.

4. Il fratello di mio padre è mio _____.

5. I figli di mia zia sono i miei _____.

6. Le figlie di mia sorella sono le mie _____.

7. Il marito di mia sorella è mio _____.

8. La moglie di mio figlio è mia _____.

9. I genitori di mio marito sono i miei _____.

10. I figli dei miei figli sono i miei _____.

B. Giochiamo insieme! Can you find where the following words are hiding?

famiglia   mamma   cugini   figlio   nonno   zio   nubile

S	D	A	F	I	N	O
M	I	O	A	N	N	A
M	A	M	M	A	O	I
L	E	Z	I	O	N	E
A	C	U	G	I	N	I
F	I	G	L	I	O	E
N	U	B	I	L	E	I
A	R	I	A	E	N	O

Punti grammaticali

6.1 Aggettivi e pronomi possessivi

A. Dove sono le mie cose? Your roommate has cleaned your room. Ask him or her where your things are, using the appropriate form of the possessive adjective **il mio.**

Esempio   Dov'è _____ libro?   *Dov'è* **il mio** *libro?*

1. Dov'è _____ penna?

2. Dove sono _____ appunti?

3. Dov'è _____ quaderno d'italiano?

4. Dove sono _____ lettere?

B. Chi portate alla festa? You're giving a party and are telling a friend what the following people are bringing. Use a form of the possessive adjective **il suo.**

Esempio   Maria porta _____ amica.   *Maria porta* **la sua** *amica.*

1. Franco porta _____ amici.

2. Gina porta _____ compagna di stanza.

3. Leo porta _____ compagno di studi.

4. Teresa porta _____ sorelle.

C. Ad ognuno il suo! The following people are engaged in different activities. State what they're doing by completing each sentence with the correct form of the possessive adjective.

Esempio   Io vendo _____ macchina.   *Io vendo* **la mia** *macchina.*

1. Noi facciamo _____ compiti.

2. Luisa legge _____ lettere.

3. Tu ripeti _____ domanda.

4. Tu e Maria finite _____ compiti.

5. Io vedo _____ compagne di classe.

6. Noi puliamo *(our)* _____ stanza.

D. L'articolo o no? Complete each sentence with the correct form of the possessive adjective, using the article when necessary.

Esempio   Noi vediamo _____ madre.   *Noi vediamo* **nostra** *madre.*

1. Tu vedi _____ fratello.

2. Gino invita _____ sorelle.

3. Vedi spesso _____ zio?

4. Io porto al parco _____ sorellina.

5. Io do _____ esami domani.

6. Io vedo _____ cugina sabato.

E. A chi scrivono? Form a sentence stating to whom the following people are writing.

    Esempio   Paolo (amico)
                 Paolo scrive al suo amico.

1. Pinuccia (zia)

    _____

2. il bambino (nonni)

    _____

3. il signor Bettini (moglie)

    _____

4. voi (professoressa)

    _____

5. io (parenti)

    _____

6. i nonni (tutti i nipoti)

    _____

F. E il tuo? Answer each question using the appropriate possessive pronoun and substituting the word in parentheses. Follow the example.

    Esempio   Mio padre lavora in una banca, e il tuo? (ufficio)
                 Il mio lavora in un ufficio.

1. Mio fratello va all'università, e il tuo? (liceo)

    _____

2. La mia macchina è vecchia, e la tua? (nuova)

    _____

3. I miei professori sono simpatici, e i tuoi? (anche)

    _____

4. Mia madre è casalinga, e la tua? (impiegata)

    _____

5. Mio zio lavora in un ospedale, e il tuo? (scuola)

    _____

6.2 Verbi irregolari in -ere e in -ire

A. Usiamo *volere*, *potere*, *dovere* e *bere*. Complete each sentence with the correct form of the verb in parentheses.

Esempio   (bere) Noi _____ alla tua salute.   *Noi **beviamo** alla tua salute.*

1. (volere) Dove _____ andare voi sabato sera?

2. (bere) Che cosa _____ tu quando hai sete?

3. (dovere) Io _____ scrivere una lettera a mia madre.

4. (potere) Domani noi _____ fare una passeggiata.

5. (potere) Io non _____ venire alla tua festa.

6. (bere) Voi _____ troppo vino.

7. (dovere) Che cosa _____ fare voi per domani?

8. (volere) Tu _____ uscire con me sabato sera?

9. (potere) Loro non _____ studiare oggi.

10. (dovere) Noi _____ fare un viaggio in Italia.

B. Con *volere*, *potere* e *dovere* anche la frase cambia! Rewrite each sentence using the verbs in parentheses. Follow the example.

Esempio   (dovere) Esco con Carlo stasera.   *Devo uscire con Carlo stasera.*

1. (volere) Mio padre conosce il mio amico.

   _____

2. (potere) I miei suoceri non vengono alla festa.

   _____

3. (dovere) Lucia va in biblioteca.

   _____

4. (volere) Signora, beve tè o caffè?

   _____

5. (potere) Voi non capite.

   _____

6. (dovere) Che cosa fate stasera?

   _____

C. Con chi escono gli studenti di Parma stasera? Complete each sentence with the correct form of **uscire**.

Esempio   Luca _____ con la sua ragazza.   *Luca **esce** con la sua ragazza.*

1. Anna e Marco _____ con i loro amici.

2. Liliana _____ con sua sorella.

3. Tu e tua moglie _____ con i vostri fratelli.

4. Io _____ con mio marito.

5. Io e mio marito _____ con i miei genitori.

6. Tu _____ con tua cugina.

D. Come vengono a scuola in Italia? Complete each sentence with the correct form of **venire**.

Esempio   Io _____ in bici.
Io vengo in bici.

1. Giancarlo _____ in autobus.

2. Anche Maria e Carla _____ in autobus.

3. Tu e Lucia _____ in macchina.

4. Io e Elisabetta _____ in treno.

5. Tu _____ a piedi.

E. Quale verbo? Complete each sentence with the correct form of **venire, uscire,** or **dire**.

Esempio   Franco _____ a Maria: Buon viaggio!
Franco dice a Maria: Buon viaggio!

1. Questa sera alcuni miei parenti _____ alla festa.

2. Marta _____ a fare la spesa.

3. Che cosa _____ noi quando incontriamo un amico?

4. Mio padre _____ da Palermo.

5. Tutte le domeniche noi _____ per andare al ristorante.

6. Noi _____ all'università in macchina.

7. Che cosa _____ voi quando un amico parte?

8. Oggi io non _____ perché fa freddo.

6.3 *Sapere* e *conoscere*

Sapere o conoscere? Complete each sentence with the correct form of **sapere** or **conoscere**.

1. Tu _____ Marcello Scotti?

2. Noi _____ Roma molto bene.

3. Lo zio Baldo _____ raccontare storie divertenti.

4. Signora Lisi, Lei _____ mia madre?

5. Voi _____ bene che io sono stanco.

6. I miei genitori non _____ ascoltare i miei problemi.

7. Noi non _____ quando ritorna nostro padre.

8. Carlo _____ la *Divina Commedia*.

9. John non _____ parlare italiano.

6.4 I pronomi diretti

A. Impariamo a non ripetere! Answer the questions, replacing the nouns with the pronouns.

Esempio   Fai il bagno?   *Sì, lo faccio.*

1. Scrivi la lettera? _____

2. Mi chiami stasera? _____

3. Restituisci i libri oggi? _____

4. Fate la doccia la mattina o la sera?

   _____

5. Mandate gli auguri *(wishes)* per il compleanno degli amici?

   _____

6. Ci aspetti davanti al cinema?

   _____

B. Dare risposte negative. Answer each question in the negative, according to the example.

Esempio   Mi porti al cinema stasera?   *No, non ti porto al cinema stasera.*

1. Ci inviti al ristorante domenica?

   _____

2. Vedi le tue cugine stasera?

   _____

3. Ci accompagni alla stazione?

   _____

4. Aiuti i tuoi compagni di classe a fare i compiti?

   _____

5. Mi chiami prima di cena?

   _____

C. Diciamo sempre «sì». Answer each question in the affirmative, according to the example.

Esempio   Desideri vedere la tua ragazza stasera?   *Sì, desidero vederla.*

1. Devi fare la spesa? _____

2. Preferisci aspettarmi al caffè? _____

3. Vuoi comprare il panettone per Natale? _____

4. Puoi portare il vino alla festa? _____

5. Vuoi cucinare la pasta stasera? _____

6. Desideri conoscere i miei fratelli? _____

D. Dove sono queste cose? Eccole! Your roommate asks you where the following things are. You point them out to him/her.

Esempio   Dov'è la calcolatrice?
               Eccola!

1. Dov'è l'elenco telefonico? _____

2. Dove sono i tovaglioli di carta? _____

3. Dove sono le uova? _____

4. Dov'è il giornale di oggi? _____

5. Dov'è la lista della spesa? _____

6. Dove sono le chiavi? _____

Come si dice in italiano?

1. How many people are there in your *(fam. sing.)* family?

   _____

2. Only four: my father, my mother, my little brother, and myself **(io)**.

   _____

3. Where do they live?

   _____

4. They live in Minneapolis.

   _____

5. If you finish working early **(presto)**, why don't you come to my party tonight? It is at my house.

   _____

6. I'm sorry, but I can't because I have to meet a friend.

   _____

7. Do I know him?

   _____

8. No. He is a quiet young man, but always happy. He also knows how to play the guitar wonderfully.

   _____

9. Is he your boyfriend?

   _____

10. Yes, and he wants to meet my family.

    _____

11. What do your parents say?

    _____

12. They say that we are too young and that we must wait.

    _____

Attività video

La mia famiglia. Dopo che avete guardato questa sezione del video, in gruppi di tre studenti, completate le seguenti attività.

A. Scegliete la risposta corretta.

   1. La prima intervistata

      a. è sposata, con due gemelli di quasi vent'anni.

      b. non è sposata.

   2. La prima intervistata

      a. i suoi gemelli vanno all'università.

      b. i suoi gemelli vanno al liceo.

   3. La seconda persona intervistata

      a. suo padre è medico e sua mamma è farmacista.

      b. suo padre è avvocato e sua madre è medico.

   4. La terza intervistata

      a. è sposata con un ragazzo italiano e lavora a Padova.

      b. è sposata con un ragazzo tedesco e vive a Bologna.

B. Rispondete alle seguenti domande.

   1. Dove lavora la ragazza sposata con un ragazzo tedesco?

   ＿＿＿＿＿＿＿＿＿＿＿＿＿＿＿＿＿＿＿＿＿＿＿＿＿＿＿＿＿＿＿＿＿＿＿＿

   2. Per un intervistato, ci sono solo due cose importanti al mondo e basta. Quali sono?

   ＿＿＿＿＿＿＿＿＿＿＿＿＿＿＿＿＿＿＿＿＿＿＿＿＿＿＿＿＿＿＿＿＿＿＿＿

   3. Un'intervistata ha due sorelle più piccole. A che scuola vanno?

   ＿＿＿＿＿＿＿＿＿＿＿＿＿＿＿＿＿＿＿＿＿＿＿＿＿＿＿＿＿＿＿＿＿＿＿＿

   4. Un'intervistata è prossima al matrimonio. Quali sono le sue attività? Qual è il suo hobbie?

   ＿＿＿＿＿＿＿＿＿＿＿＿＿＿＿＿＿＿＿＿＿＿＿＿＿＿＿＿＿＿＿＿＿＿＿＿

   5. Che cosa dice l'intervistata che è figlia unica? Cosa preferirebbe *(would prefer)*?

   ＿＿＿＿＿＿＿＿＿＿＿＿＿＿＿＿＿＿＿＿＿＿＿＿＿＿＿＿＿＿＿＿＿＿＿＿

   6. Un'intervistata è sposata, non ha figli. Cos'ha invece dei figli?

   ＿＿＿＿＿＿＿＿＿＿＿＿＿＿＿＿＿＿＿＿＿＿＿＿＿＿＿＿＿＿＿＿＿＿＿＿

Esercizi orali

Studio di parole L'albero genealogico

🔊 CD 2, TRACK 32

La famiglia di Alessio. Below are the names of some of Alessio Dal Martello's family members. Listen as Alessio describes his family, and take notes about how various family members are related to each other. Then write their names in the family tree in their proper places. You will hear the description twice.

Pietro Dal Martello / Adriana Casarotto / Sergio Dal Martello / Valentina Costantini / Marta Dal Martello / Salviano Costantini / Irene Biagi / Maria Cristina Dal Martello / Simonetta Costantini / Ermanno Arzenton / Valeria Arzenton / Ivo Arzenton

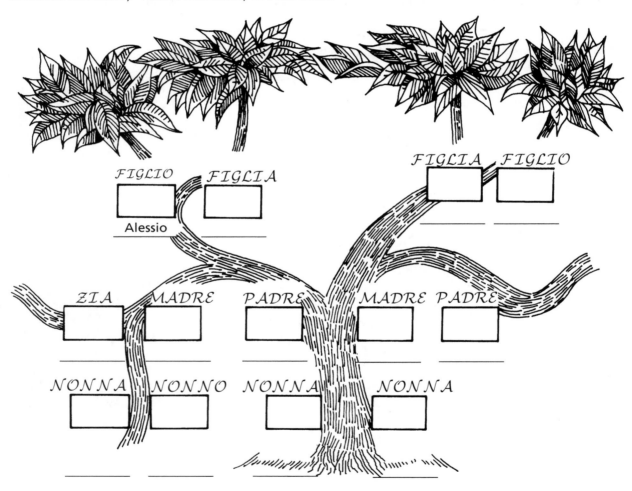

Punti grammaticali

6.1 Aggettivi e pronomi possessivi

CD 2, TRACK 33

A. Nella scrivania del nonno. Alessio is visiting his grandfather Pietro at his house in the country. He is fascinated by his grandfather's office and desk. Listen as Alessio describes his grandfather's favorite room and indicate which of the following forms of the possessive adjective—**suo, sua, sue, suoi**—is used in each statement. You will hear each sentence twice.

Esempio   You hear: Ecco la sua penna.
              You underline: suo / <u>sua</u> / sue / suoi

1. suo / sua / sue / suoi

2. suo / sua / sue / suoi

3. suo / sua / sue / suoi

4. suo / sua / sue / suoi

5. suo / sua / sue / suoi

6. suo / sua / sue / suoi

CD 2, TRACK 34

B. Dove sono i libri degli studenti? Listen to the model sentence. Then form a new sentence by substituting the cue. Repeat each response after the speaker.

Esempio   Dov'è il mio libro? (tuo)
              Dov'è il tuo libro?

1. _____

2. _____

3. _____

4. _____

5. _____

CD 2, TRACK 35

C. Tutti abbiamo un'amica simpatica. Restate each sentence using the verb **essere** and the appropriate possessive adjective. Then repeat the response after the speaker.

Esempio   Io ho un'amica simpatica.
              La mia amica è simpatica.

1. _____

2. _____

3. _____

4. _____

5. _____

6.2 Verbi irregolari in -ere e -ire

🔊 CD 2, TRACK 36

A. Il sabato mattina a casa dei signori Rossi. Listen to the statements about what members of the Rossi family are doing on Saturday morning. You will hear each statement twice. Indicate which form of **bere, dovere, potere,** or **volere** you hear in each sentence.

Esempio   You hear: Il signor Rossi deve andare al lavoro.
You underline: vuole / <u>deve</u> / può / beve

1. vuole / deve / può / beve

2. vuole / deve / può / beve

3. vuole / deve / può / beve

4. vogliono / devono / possono / bevono

5. vogliono / devono / possono / bevono

6. vogliono / devono / possono / bevono

🔊 CD 2, TRACK 37

B. Dobbiamo fare tante cose ma non possiamo. Listen to the model sentence. Then form a new sentence by substituting the subject given. Repeat each response after the speaker.

1. **Esempio**   Io devo finire il lavoro. (tu)   *Tu devi finire il lavoro.*

_____

_____

_____

_____

2. **Esempio**   Io non posso partire. (tu)   *Tu non puoi partire.*

_____

_____

_____

_____

🔊 CD 2, TRACK 38

C. Cosa fanno nella famiglia di Marco? Listen to the model sentence. Then form a new sentence by substituting the subject given. Repeat each response after the speaker.

1. **Esempio**   Io esco tutte le sere. (tu)   *Tu esci tutte le sere.*

_____

_____

_____

_____

2. Esempio   Io vengo a vedere la casa. (tu)
                  Tu vieni a vedere la casa.

_____

_____

_____

_____

_____

6.3 *Sapere* e *conoscere*

CD 2, TRACK 39

A. E tu, sai nuotare? Listen to the model sentence. Then form a new sentence by substituting the subject given as a cue. Repeat each response after the speaker.

Esempio   Io non so nuotare. (tu)
               Tu non sai nuotare.

1. _____

2. _____

3. _____

4. _____

CD 2, TRACK 40

B. Chi conosce i parenti di Anna? Listen to the model sentence. Then form a new sentence by substituting the subject given as a cue. Repeat each response after the speaker.

Esempio   Io conosco i parenti di Anna. (tu)
               Tu conosci i parenti di Anna.

1. _____

2. _____

3. _____

4. _____

6.4 I pronomi diretti

CD 2, TRACK 41

A. Chi porti alla festa? One of your friends is organizing a party and asking his guests who and/or what they are bringing. Listen to the questions and answers and indicate which direct-object pronoun is used in each answer. Each conversation will be repeated twice.

Esempio   You hear: — Porti tua sorella alla festa?
         — Sì, la porto.
         You underline: ti / lo / <u>la</u> / vi / li / le

1. ti / lo / la / vi / li / le
2. ti / lo / la / vi / li / le
3. ti / lo / la / vi / li / le
4. ti / lo / la / vi / li / le
5. ti / lo / la / vi / li / le
6. ti / lo / la / vi / li / le

CD 2, TRACK 42

B. Le domande di Fulvio. Your friend Fulvio is asking if you plan to do the following things. Answer using the appropriate direct-object pronoun. Then repeat the response after the speaker.

Esempio   Mi chiami domani?
         Sì, ti chiamo domani.

1. _____
2. _____
3. _____
4. _____

CD 2, TRACK 43

C. Chi inviti alla festa? You're giving a party and your mother wants to know whom you're inviting. Answer by replacing the noun with the direct-object pronoun. Then repeat the response after the speaker.

Esempio   Inviti Laura?
         Sì, la invito.

1. _____
2. _____
3. _____
4. _____
5. _____
6. _____

🔊 CD 2, TRACK 44

D. L'infinito con i pronomi diretti. Your sister is going shopping and wants to know if she should buy the following items. Answer her, replacing the noun with the appropriate direct object pronoun. Then repeat the response after the speaker.

Esempio   Devo comprare la carne?
                Sì, devi comprarla.

1. _____

2. _____

3. _____

4. _____

🔊 CD 2, TRACK 45

E. Ecco il panorama della città! Your parents have come to visit and you are showing them the sights of the city. After you hear each cue, use **ecco** and the appropriate pronoun to make a statement. Then repeat the response after the speaker.

Esempio   il monumento di Verdi
                Eccolo!

1. _____

2. _____

3. _____

4. _____

Dettato   🔊 CD 2, TRACK 46

A. Dettato: la famiglia di Marco. Listen to the description of Marco's family. It will be read the first time at normal speed, a second time more slowly so that you can supply the missing words, and a third time so that you can check your work. Feel free to repeat the process several times if necessary.

La mia _____ non è molto numerosa. Siamo solo in _____:

mio _____ Antonio, mia _____ Maria, mia _____

Anna ed io. Mio padre è molto _____ e va spesso a fare giri in bici con gli

_____. Lavora come _____ per una ditta di computer. Mia madre è

_____ e lavora nello studio di suo padre, mio _____ Giovanni.

Anche il _____ di mia madre, lo zio Gabriele, è avvocato. Mia madre lavora

tanto ma _____ preparare delle cene squisite. Mia _____ Anna

studia medicina all'Università di Padova. È molto _____ perché è una facoltà

_____. Anna ha molte _____ e spesso _____ con

loro il sabato sera. Loro _____ al cinema o a qualche concerto. Io sono un ragazzo

_____, studio lettere a Padova. I miei genitori _____ che sono

diverso dal resto della famiglia perché _____ la letteratura alla scienza.

🔊 CD 2, TRACK 47

B. Una discussione in famiglia. Listen to the following conversation during a Sunday meal at Alessio's grandparents' house. Then answer the questions. You will hear the conversation twice.

1. Cosa prepara la nonna per pranzo?

   _____

2. Chi prepara il tiramisù?

   _____

3. Quando fa l'esame di matematica Alessio?

   _____

4. Alessio vede Sonia nel pomeriggio?

   _____

5. Chi telefona spesso?

   _____

6. Chi è nello studio? Perché Alessio li chiama?

   _____

7. Chi porta i tortellini in tavola?

   _____

Attività video

Buon compleanno! Dopo che avete guardato questa sezione del video, in gruppi di tre studenti, completate le seguenti attività.

A. Rispondete alle seguenti domande.

1. Quando lo zio Jerry è andato in America? _____

2. Cos'ha fatto in America? _____

3. Perché Marco gli telefona? E perché lo ringrazia? _____

4. Cosa stanno facendo (are doing) Marco e il suo amico Giovanni? _____

5. Come viaggiano per l'Italia? _____

B. Rispondete alle seguenti domande.

1. Elencate (List) come festeggiano il loro compleanno alcuni intervistati:

   Un intervistato festeggia _____

   Un'intervistata festeggia _____

   Una terza persona _____

2. Cosa fa un intervistato per Natale? _____

3. Chi invita a Pasqua un altro intervistato? Chi cucina per tutti? Cosa aprono dopo il pasto?

   _____

4. Sapete cosa c'è dentro l'uovo di Pasqua di cioccolato? _____

Vedute d'Italia   Fare una bella figura

A. Prima di leggere. You are about to read about how Italians consider "making a good impression" very important. It includes dressing well and behaving appropriately. These are social norms that Italian children learn at an early age, particularly in terms of how to dress appropriately for the occasion. **"Fare una bella figura"** applies to all classes and statuses in Italian society.

Fare bella e brutta figura

Per gli Italiani è molto importante «fare bella figura» e non «fare brutta figura». *Fare bella figura* significa fare una buona impressione sugli altri. Significa vestirsi in modo appropriato per ogni occasione, sapersi comportare *(to behave)* bene in tutte le situazioni, gestire *(to manage)* bene la situazione economica personale o della famiglia. I bambini imparano ad una tenera età *(early age)* le norme del «fare bella figura» dai loro genitori. Questi si vestono bene non solo per andare al lavoro, in ufficio o in banca, ma anche per andare a fare le spese e perfino *(even)* al supermercato. Quando si va *(one goes)* a casa di altre persone (amici, conoscenti, dal dottore) ci si veste *(one gets dressed)* bene, perché è una forma di rispetto per le persone e la loro casa.

«Fare bella figura» è una norma rispettata in tutte le classi sociali, nel limite delle loro possibilità finanziarie. Anche i bambini più piccoli devono essere vestiti bene, con i jeans e la maglietta stirati *(ironed)*. Devono essere sempre pettinati *(with their hair combed)* e puliti. Questo è vero anche tra i giovani italiani che portano l'ultimo modello di jeans e di scarpe. Per andare all'università si vestono come per andare ad una festa o in chiesa.

«Fare bella figura» significa anche essere ben preparati per un esame e saper rispondere alle domande dell'insegnante in classe, per non fare «brutta figura» con il professore e con i compagni.

B. Alla lettura. Answer the following questions with appropriate information from the reading.

1. Cosa significa per gli Italiani «fare bella figura»? _____

2. Come imparano i bambini italiani le norme del «fare bella figura»? _____

3. Perché ci si veste bene quando si va in casa degli altri? _____

4. Solo i ricchi seguono queste norme? _____

5. Come devono presentarsi i bambini piccoli? _____

6. Come si vestono i giovani italiani? _____

7. Quando gli studenti fanno bella figura a scuola? _____

8. Che cosa non vogliono fare gli studenti? _____

Capitolo 7 Buon viaggio

Esercizi scritti

Studio di parole   Arrivi e partenze

A. Gioco di abbinamento. Match the vocabulary and expressions from column A with their correct definitions in column B.

A		B
1. _____ fare il biglietto		**a.** un viaggio breve
2. _____ annullare		**b.** cancellare
3. _____ la gita		**c.** un autobus per turisti
4. _____ all'estero		**d.** non prendere il treno
5. _____ perdere il treno		**e.** dove c'è il controllo del passaporto
6. _____ la dogana		**f.** fuori dal proprio (*own*) paese
7. _____ il pullman		**g.** comprare un biglietto

B. In viaggio. Complete the following sentences with the appropriate vocabulary word.

1. Quando un posto non è occupato, è _____.

2. Se faccio una crociera, viaggio in _____.

3. L'Alitalia è una _____.

4. Per essere sicuro(a) di trovare un posto, faccio la _____.

5. Se vado all'estero, ho bisogno del _____.

6. Se voglio andare e tornare, faccio un biglietto di _____.

7. Se ho bisogno di qualcosa (*something*) in aereo, chiamo l'_____.

Punti grammaticali

7.1 Il passato prossimo con *avere*

A. Cosa hanno fatto oggi gli studenti? Some students are talking about what happened or what they did today. Complete each sentence with the appropriate form of the **passato prossimo** of the verb in parentheses.

1. (ricevere) Io _____ un bel voto in italiano.

2. (finire) Paolo, _____ di studiare psicologia?

3. (dare) E voi, _____ l'esame di matematica?

4. (capire) Loro non _____ bene la spiegazione del professore.

5. (rispondere) Io non _____ a tutte le domande.

6. (dire) Che cosa _____ la professoressa?

7. (fare) _____ colazione tu stamattina?

8. (studiare) Noi _____ cento pagine di storia.

9. (scrivere) Quante pagine _____ tu?

B. La signora Betti fa molte domande. The Bettis are on their way to Rapallo, and Mrs. Betti is worried about many things. Write her questions using the **passato prossimo,** as in the example.

Esempio   (chiudere / porta)
              Hai chiuso la porta?

1. (perdere / scontrino / bagagli)

   _____

2. (dove / mettere / valigia)

   _____

3. (comprare / biglietto / andata e ritorno)

   _____

4. (mostrare / biglietti / controllore)

   _____

C. Rispondiamo con i pronomi. Answer the questions affirmatively, using the direct-object pronouns.

    Esempio   Hai preso l'ombrello?
                   Sì, l'ho preso.

1. Avete fatto le prenotazioni? _____

2. Hai perso il treno? _____

3. Tuo zio ha comprato la macchina? _____

4. Avete trovato le informazioni? _____

5. Hai comprato i biglietti dell'aereo? _____

6. Avete messo la valigia in macchina? _____

7. Hai chiamato il tassì? _____

8. Mi hai aspettato? _____

9. Ci hai chiamato? _____

7.2 Il passato prossimo con *essere*

A. Cosa hanno fatto queste persone? Rewrite the sentences with the verb in the **passato prossimo.**

    Esempio   i miei nonni / nascere a Torino
                   I miei nonni sono nati a Torino.

1. l'aereo / partire a mezzogiorno

    _____

2. mia zia / arrivare in treno

    _____

3. i miei amici / venire alla mia festa

    _____

4. le mie sorelle / uscire con i loro ragazzi

    _____

5. mio padre / andare in pensione

    _____

6. noi / stare in Italia per tre settimane

    _____

B. Cosa hanno o non hanno fatto i familiari di Mina? Complete each sentence with the **passato prossimo**.

1. Mina va sempre a scuola in macchina, ma ieri _____ in autobus.

2. Lucia, sei sempre molto gentile, ma ieri non _____ gentile con i tuoi amici.

3. Di solito, non usciamo la sera, ma ieri sera _____ .

4. Gli zii vengono tutte le domeniche a casa nostra, ma domenica scorsa non _____ .

5. Suo marito ritorna a casa presto, ma venerdì sera _____ tardi.

C. Il viaggio in aereo a Roma di Jane. Complete the paragraph with the appropriate form of the **passato prossimo** of the verbs in parentheses.

Jane (comprare) _____ un biglietto dell'Alitalia e (partire)

_____ da New York, piena d'entusiasmo. In aereo (leggere)

_____ alcune riviste (*magazines*), (vedere) _____ un vecchio film,

(mangiare) _____ delle lasagne, (bere) _____ dello spumante

Asti. (Fare) _____ anche conversazione in italiano con dei passeggeri di Roma e

(imparare) _____ molte cose. Poi (cercare) _____ di dormire,

ma non (potere) _____ . Il viaggio (essere) _____ lungo e Jane

(arrivare) _____ all'aeroporto Leonardo da Vinci stanca, ma felice. Quando

(scendere) _____ dall'aereo, (prendere) _____ la sua valigia,

(chiamare) _____ un tassì e (andare) _____ all'albergo in via Veneto.

D. Quando hai fatto queste cose? Answer each question, using the expression of time in parentheses.

Esempio Quando hai visitato Capri? (*last year*)
Ho visitato Capri l'anno scorso.

1. Quando sei uscito(a)? (*last night*)

_____

2. Quando hai visto i tuoi parenti? (*last week*)

_____

3. Quando hai letto la *Divina Commedia*? (*three years ago*)

_____

4. Quando sei andato(a) all'opera? (*last Friday*)

_____

5. Quando hai comprato la macchina? (*two weeks ago*)

_____

6. Quando hai conosciuto mia sorella? (*yesterday*)

_____

7.3 L'ora *(Time)*

A. Che ore sono? Write out the following times.

Esempio   (6.20 P.M.)
Sono le sei e venti di sera.

1. (4.15 A.M.) _____

2. (1.00 A.M.) _____

3. (12.00 P.M.) _____

4. (2.30 P.M.) _____

5. (7.55 P.M.) _____

B. A che ora? Your parents are asking questions about a friend who's coming to visit for a few days. Answer their questions, writing out the times given in parentheses.

Esempio   A che ora si sveglia *(wakes up)* Giuseppe? (7.00)
Si sveglia alle sette.

1. A che ora fa colazione? (8.45)

   _____

2. A che ora esce? (9.15)

   _____

3. A che ora ritorna per il pranzo? (12.30)

   _____

4. A che ora va a letto la sera? (11.00)

   _____

7.4 Usi di *a, in, da* e *per*

A. La giornata di Lisa Carter. Complete the following paragraphs with the prepositions **a, in,** and **da,** and the definite article when necessary.

Lisa Carter studia _____ Italia e vive _____ Bologna, con gli zii italiani.

Tutte le mattine la zia di Lisa va _____ mercato _____ fare la spesa; va

sempre _____ piedi, ma ritorna spesso _____ autobus.

Nome _____ Data _____ Classe _____

B. Perché gli amici di Luisa fanno queste cose? Write why the people below are doing certain things by using **per** + infinitive.

Esempio   Luisa studia perché desidera imparare.
                Luisa studia per imparare.

1. Luigi sta attento perché desidera capire tutto.

   _____

2. Io vendo la Fiat perché desidero comprare una Ferrari.

   _____

3. Carlo va all'università perché desidera prendere una laurea in lingue.

   _____

4. Io e Luisa ritorniamo a casa perché desideriamo mangiare.

   _____

Come si dice in italiano?

1. I am very tired because I didn't sleep much last night.

   _____

2. Why? Did you work late **(fino a tardi)**?

   _____

3. No, I came home five hours ago from a one-week trip to New York with my Aunt Jane.

   _____

4. Did you travel by plane or train?

   _____

5. By plane. But I didn't have to buy a **(il)** ticket. My Aunt Jane bought two first-class tickets, and our trip was very comfortable.

   _____

6. Did she reserve a room in a hotel?

   _____

7. No, we stayed at my grandparents' house, as we often do.

   _____

8. I don't know New York. How is it?

   _____

9. It's a great city with theaters and elegant shops. However, there are too many people and life isn't very easy.

   _____

Esercizi orali

Studio di parole Arrivi e partenze

🔊 CD 3, TRACK 2

Annunci alla stazione dei treni. The Betti family is at the Central Station in Milan, waiting for the train to Rapallo. Listen to the following announcements at the station, which will be repeated twice, then fill in the missing information on the electronic board below. Which announcement should the Betti family pay particular attention to? Why?

Stazione di Milano Centrale – Partenze				
Treno	**Destinazione**	**Ora**	**Ritardo**	**Binario**
Intercity	Roma	8.30	_____	5
Interregionale	_____	8.38	_____	_____
_____	Brescia	_____	10 minuti	_____
Eurostar	_____	8.45	_____	_____

Punti grammaticali

7.1 Il passato prossimo con *avere*

🔊 CD 3, TRACK 3

A. Cosa hanno fatto tutti? Listen to the model sentence. Then form a new sentence by substituting the subject given and making all necessary changes. Repeat the response after the speaker.

Esempio   Jane ha visto il Colosseo. (tu)
           Tu hai visto il Colosseo.

1. _____
2. _____
3. _____
4. _____
5. _____

CD 3, TRACK 4

B. Il sabato sera degli studenti d'italiano. Listen as Alberto describes what some of his classmates did last Saturday night. Then, choosing a verb from the list, indicate who did each activity. Each statement will be repeated twice.

ha letto   ha visto   ha bevuto   ha mangiato   ha preso   ha comprato

Esempio   You read: _____ una nuova automobile.
You hear: Marina ha comprato una nuova automobile.
You write: *Marina ha comprato*

1. _____ un bel film al cinema con la sua ragazza.

2. _____ un libro alla nuova libreria.

3. _____ molto bene al ristorante con suo padre.

4. _____ l'aereo per Palermo per andare a trovare la nonna.

5. _____ troppa birra al bar con gli amici.

6. _____ tutta la sera per il suo corso di letteratura inglese.

7.2 Il passato prossimo con *essere*

CD 3, TRACK 5

A. Dove sono andati tutti? Listen to the model sentence. Then form a new sentence by substituting the subject given. Repeat the response after the speaker.

Esempio   Io sono andato a Roma. (tu)
Tu sei andato a Roma.

1. _____

2. _____

3. _____

4. _____

CD 3, TRACK 6

B. Quando sono partiti tutti? Listen to the model sentence. Then form a new sentence by substituting the subject given and making any necessary changes. Repeat each response after the speaker.

Esempio   Quando è partita Lisa? (Marco)
Quando è partito Marco?

1. _____

2. _____

3. _____

4. _____

5. _____

6. _____

🔊 CD 3, TRACK 7

C. Dove sono andati i familiari di Marco? Listen to the following statements describing what each of Marco's family members did last Sunday afternoon, and indicate which verb is used in each statement. You will hear each statement twice.

Esempio You hear: Luca è andato al cinema.
You underline: è andata / <u>è andato</u> / è restato / è restata

1. sono ritornati / sono andati / sono andato / sono arrivati

2. è uscito / è andata / è restato / è restata

3. è rimasta / è stata / è uscita / è uscito

4. siamo partiti / siamo andati / siamo arrivati / siamo arrivate

5. siete andate / siete partiti / siete partite / siete ritornate

6. sei andato / sei ritornata / sei ritornato / sei arrivato

🔊 CD 3, TRACK 8

D. Quando è successo (When did it happen)? Filippo is late coming home from work and asks Gabriella about the day's news. For each event that she relates, indicate which expression of time is used—**ieri, l'altro giorno, due giorni fa, l'anno scorso.** Each statement will be repeated twice.

Esempio You hear: Il Papa è caduto ieri sera.
You underline: <u>ieri</u> / l'altro giorno / due giorni fa / l'anno scorso

1. ieri / l'altro giorno / due giorni fa / l'anno scorso

2. ieri / l'altro giorno / due giorni fa / l'anno scorso

3. ieri / l'altro giorno / due giorni fa / l'anno scorso

4. ieri / l'altro giorno / due giorni fa / l'anno scorso

5. ieri / l'altro giorno / due giorni fa / l'anno scorso

6. ieri / l'altro giorno / due giorni fa / l'anno scorso

🔊 CD 3, TRACK 9

E. Volete fare queste cose? You're asking your friends what they might want to do. They say they have already done these things and tell you when. Use the cue to recreate each of their answers. Then repeat the response after each speaker.

Esempio Volete andare al cinema? (no / ieri sera)
No, siamo andati al cinema ieri sera.

1. _____

2. _____

3. _____

4. _____

5. _____

7.3 L'ora *(Time)*

CD 3, TRACK 10

A. Leggiamo l'ora. Read each of the following times, then repeat after the speaker.

Esempio   6.15
                Sono le sei e un quarto.

1. 4.20

2. 2.30

3. 12.00 P.M.

4. 3.15

5. 10.45

CD 3, TRACK 11

B. A che ora? In each of the following conversations, a time is mentioned. Indicate which conversation corresponds to which of the following clocks. Each conversation will be repeated twice.

1. _____   2. _____   3. _____

4. _____   5. _____   6. _____

7.4 Usi di *a, in, da* e *per*

CD 3, TRACK 12

A. Cosa dicono gli studenti? Listen to each sentence and indicate which of the following prepositions—**a, in, da, per**—is used in each case. Each sentence will be repeated twice.

Esempio   You hear: Abitano a Venezia.
                You underline: <u>a</u> / in / da / per

1. a / in / da / per

2. a / in / da / per

3. a / in / da / per

4. a / in / da / per

5. a / in / da / per

6. a / in / da / per

🔊 CD 3, TRACK 13

B. Cosa ha fatto oggi Mariella? Luisa is asking Mariella about her activities. Recreate Mariella's answers, using the cue and following the example. Then repeat the response after the speaker.

Esempio   Dove sei stata stamattina? (scuola)
Sono stata a scuola.

1. _____

2. _____

3. _____

4. _____

🔊 CD 3, TRACK 14

C. Cosa preferiscono fare i compagni di Bianca? Bianca is asking her classmates about their preferences. Use the cue to recreate each answer. Then repeat after the speaker.

Esempio   Preferisci vivere in Italia o in Francia? (Italia)
Preferisco vivere in Italia.

1. _____

2. _____

3. _____

4. _____

Dettato   🔊 CD 3, TRACK 15

A. Dettato: La luna di miele *(honeymoon)* di Anna e Marco. Listen to the description of Anna and Marco's honeymoon. It will be read the first time at normal speed, a second time more slowly so that you can supply the appropriate forms of the missing verbs in the **passato prossimo,** and a third time so that you can check your work. Feel free to repeat the process several times if necessary.

Anna e Marco _____ per la loro luna di miele due settimane fa. _____

in molte città italiane e europee. _____ le gondole di Venezia e il Duomo di Milano,

e _____ anche _____ a trovare i parenti che abitano a Torino, così

_____ un vecchio zio, fratello della nonna di Marco. _____ Torino

con lui e _____ il risotto con i tartufi a casa sua. Poi _____ il treno

per La Spezia e _____ a Rapallo. _____ a Rapallo per due giorni.

Anna _____ un libro e Marco _____ il sole tutto il tempo; ora sono

proprio rilassati. _____ a Torino, da dove _____ il treno di notte

per Parigi. _____ a Parigi due giorni e poi _____ a Londra. Anna

_____ molto in inglese e Marco _____ perché lui non lo parla bene.

_____ a casa in Sicilia in aereo.

◁)) CD 3, TRACK 16

B. Il racconto di Anna. Anna is visiting her grandmother and telling her about her honeymoon. Listen to their conversation and then answer the following questions.

1. Come si chiama il cugino della nonna?

   _____

2. Dove ha portato Marco?

   _____

3. Che cosa ha preparato la zia?

   _____

4. Dove hanno mangiato del pesce buonissimo?

   _____

5. Che cosa hanno fatto a Venezia?

   _____

6. Com'è stato il viaggio?

   _____

Vedute d'Italia Un diario di viaggio

A. Prima di leggere. You are about to read Stephen and Jennifer's travel journal about their backpacking trip to Italy. This excerpt recounts their arrival and visit to the town of Assisi. Before reading the paragraphs, find this town on a map of Italy and familiarize yourself briefly with Saint Francis, who is closely associated with Assisi and its basilica. With a little background information, you will find it easier to understand and enjoy the reading.

Partenza

Partenza da New York (ore 16.25) per Francoforte (ore 8.00 del giorno dopo) per poi ripartire (ore 11.00) per Firenze (ore 12.20 ora locale, cioè **(that is)** 6 ore in più di New York). Voli con Lufthansa (tutto OK). Dopo un rapido controllo dei passaporti, abbiamo recuperato le valigie. Poi siamo andati a prendere l'autobus che dall'aeroporto porta alla stazione dei treni di Santa Maria Novella di Firenze. Alla stazione abbiamo preso il treno delle 14.30 per Assisi.

Arrivo ad Assisi: l'albergo

Alle otto di sera siamo arrivati al nostro albergo nel centro di Assisi. L'hotel «Il Palazzo» è un edificio del sedicesimo **(sixteenth)** secolo è situato in una posizione strategica per chi, come noi, ama girare a piedi. L'hotel è stato completamente ristrutturato (il nostro giudizio: molto buono). In una guida recente ho trovato scritto che non è in condizioni ottimali per lo standard europeo. Non è vero! È veramente accogliente **(welcoming)**, pulito, tranquillo. Siamo andati subito a farci un giro per la città e a vedere la Basilica di San Francesco.

A cena al ristorante

Verso le nove e trenta avevamo fame, così abbiamo deciso di trovare un buon ristorante. L'albergatore ci ha detto di andare alla trattoria Pallotta. Siamo andati e l'abbiamo trovata nel centro storico di Assisi. Abbiamo voluto provare il loro menù di cucina locale. Io ho ordinato i crostini al paté di fegatini **(liver)**. Anna invece ha preso i raviolini di ricotta e spinaci. Poi abbiamo mangiato la lepre **(hare)** alla cacciatora con le patate arrosto e un'insalata verde. Alla fine abbiamo assaggiato la torta «alla pallotta», buonissima, preparata con le noci **(walnuts)**. Abbiamo bevuto del buon vino umbro della casa. Siamo ritornati in albergo verso le 23.30, ma non siamo andati subito a dormire, perché abbiamo fatto il programma per il giorno dopo.

B. Alla lettura. Read the following questions and underline where you find each answer in the paragraphs. Then answer each question in your own words, with a complete sentence.

Partenza

1. A che ora sono partiti da New York?

   _____

2. In quale città tedesca ha fatto scalo l'aereo?

   _____

3. In quale città sono atterrati (landed)?

   _____

4. Che cosa hanno recuperato in aeroporto?

   _____

5. Come sono andati dall'aeroporto alla stazione dei treni di Santa Maria Novella?

   _____

Arrivo ad Assisi: l'albergo

6. Come si chiama e dove si trova il loro albergo?

   _____

7. Com'è l'albergo?

   _____

A cena al ristorante

8. Dove sono andati a cenare? Che cosa hanno ordinato?

   _____

9. A che ora sono ritornati all'albergo?

   _____

10. Sono andati a dormire subito? Perché no?

   _____

Capitolo 8 Soldi e tempo

Esercizi scritti

Studio di parole   Albergo e banca

A. Il gioco degli anagrammi. Rearrange the letters to spell out the words.

Esempio   LLSOETO
             OSTELLO

1. RBELAGO   _____

2. NESONEPI   _____

3. REMAAC   _____

4. TERONAREP   _____

5. RAMIREF   _____

B. Andiamo in vacanza. Complete the following sentences with words from the list.

**camera singola   una camera doppia   noleggiare una macchina   una pensione
un ostello della gioventù   con aria condizionata   un ufficio cambio
mostrare una carta d'identità.**

1. Quando vado in vacanza da solo(a), prenoto una _____.

2. Se voglio guidare *(to drive)*, devo _____.

3. Uno studente giovane prenota una camera in _____.

4. Quando vado in vacanza con mia moglie/mio marito prenoto _____.

5. Se sono in Italia e voglio comprare degli euro, vado in _____.

6. In agosto prenoto una camera _____.

7. Se non voglio spendere molti soldi, prenoto una camera in _____.

8. Per cambiare i soldi in banca, devo _____.

Punti grammaticali

8.1 I verbi riflessivi e reciproci

A. Franco fa domande sul suo nuovo compagno di stanza. Your brother is moving into an apartment with your friend, Franco, who is asking questions about his habits. Answer each question according to the example.

Esempio   Io mi alzo presto, e lui?
            Anche lui si alza presto.

1. Io mi diverto la sera, e lui?

   _____

2. Io mi preparo la colazione, e lui?

   _____

3. Io mi lavo in venti minuti, e lui?

   _____

4. Io mi addormento tardi, e lui?

   _____

B. Che cosa fate tu e Marco? Answer each question as in the example.

Esempio   Vi svegliate presto?
            Sì, ci svegliamo presto.

1. Vi lavate rapidamente? _____

2. Vi arrabbiate raramente? _____

3. Vi divertite al cinema? _____

4. Vi addormentate presto? _____

C. Cosa fanno le persone nella famiglia di Luigi e Carla? Complete each sentence with the correct form of the reflexive verb in parentheses.

Esempio   (divertirsi) Io e Luigi _____ tutte le sere.
            Io e Luigi ci divertiamo tutte le sere.

1. (alzarsi) I nostri genitori _____ tardi.

2. (addormentarsi) _____ presto, tu?

3. (riposarsi) Renzo e Lucia _____ la domenica.

4. (arrabbiarsi) Il professore non _____ mai.

5. (svegliarsi) Mia madre _____ tardi.

6. (vestirsi) _____ rapidamente, tu?

D. Cosa sperano di fare i nostri conoscenti (acquaintances)? A friend is asking you about some people you both know. Begin each answer with **Sperano di...**

Esempio   Si divertono i tuoi amici?   *Sperano di divertirsi.*

1. Si sposano i tuoi cugini?

   _____

2. Si fermano a Roma i tuoi zii?

   _____

3. Si preparano per la partenza i tuoi amici?

   _____

4. Si fidanzano Pino e Lia?

   _____

E. Che cosa vi fate l'un l'altro? Answer each question in the affirmative, using the reciprocal construction.

Esempio   Tu e Pietro vi vedete?   *Sì, ci vediamo.*

1. Tu e i tuoi cugini vi scrivete? _____

2. Tu e il tuo avvocato vi telefonate? _____

3. Tu e i tuoi amici vi incontrate? _____

4. Tu e i tuoi nonni vi parlate? _____

8.2 Il passato prossimo con i verbi riflessivi e reciproci

A. Trasformiamo al passato. Change each sentence to the **passato prossimo.**

Esempio   Gina si alza presto.   *Gina si è alzata presto.*

1. Giovanna si diverte al cinema.

   _____

2. Noi ci svegliamo presto.

   _____

3. Teresa e Lucia si annoiano.

   _____

4. Tu ti arrabbi.

   _____

5. Io mi riposo.

   _____

6. Tu e il tuo amico vi vestite bene.

   _____

B. Hai fatto queste cose? A friend calls and asks if you did the following things. Answer using the reciprocal construction in the **passato prossimo.**

Esempio   Hai telefonato a tuo padre?
Sì, ci siamo telefonati.

1. Hai visto la tua ragazza?

    _____

2. Hai incontrato il professore?

    _____

3. Hai scritto a tuo cugino?

    _____

4. Hai parlato a tua madre?

    _____

8.3 I pronomi indiretti

A. Rispondiamo alle domande di papà. Your father wants to know if you and your brother Matteo are doing the following things. Answer each question by replacing the underlined words with the appropriate indirect-object pronoun.

Esempio   Telefonate alla mamma?   *Sì, le telefoniamo.*

1. Rispondete agli zii?

    _____

2. Parlate alla vostra professoressa?

    _____

3. Scrivete ai parenti?

    _____

4. Telefonate alla zia Giuseppina?

    _____

5. Rispondete a vostro cugino Pietro?

    _____

6. Telefonate al dottore?

    _____

7. Scrivete a vostra madre e a me?

    _____

8. Scrivete a vostra nonna?

    _____

B. Risposte al passato. Answer each question by replacing the underlined words with an indirect-object pronoun.

Esempio   Hai scritto <u>a Teresa</u>?   *Sì, le ho scritto.*

1. Hai telefonato <u>a Franco</u>? _____

2. Hai risposto <u>alla professoressa</u>? _____

3. Hai scritto <u>a Mariella</u>? _____

4. Hai parlato <u>al dottore</u>? _____

5. Hai telefonato <u>ai tuoi amici</u>? _____

6. Hai risposto <u>a me e a Gino</u>? _____

C. Quando? Filippo wants to know when you and Gino did the following things. Answer using the cue in parentheses and replacing the underlined words with the appropriate object pronoun.

Esempio   Quando <u>ci</u> avete telefonato? (ieri)   *Vi abbiamo telefonato ieri.*

1. Quando avete risposto <u>a me e a Roberto</u>? (due giorni fa)

    _____

2. Quando avete scritto <u>a Teresa</u>? (la settimana scorsa)

    _____

3. Quando <u>ci</u> avete mandato gli auguri? (ieri)

    _____

4. Quando <u>mi</u> avete telefonato? (un mese fa)

    _____

5. Quando avete risposto <u>ai vostri genitori</u>? (sabato)

    _____

6. Quando avete scritto <u>a me e a Roberto</u>? (tre giorni fa)

    _____

8.4 I pronomi indiretti con l'infinito

A. Molte cose da fare! Answer the questions by replacing the words in italics with an indirect-object pronoun.

Esempio   Devi parlare *al professore*?   *Sì, devo parlargli.*

1. Vuoi telefonare *alla dottoressa*? _____

2. Pensi di scrivere *ai nonni*? _____

3. Hai dimenticato di telefonare *al professore*? _____

4. Quando pensi di rispondere *alla zia*? _____

5. Puoi scriver*mi* una nota? _____

6. Vuoi dar*ci* il tuo numero di telefono? _____

7. Devi rispondere a *tuo fratello*? _____

B. Ho dimenticato di farlo! Answer each question beginning your sentence with **Ho dimenticato di...** and replacing the words in italics, choosing between the direct- and indirect-object pronouns.

Esempio   Hai chiamato *Lucia*?
Ho dimenticato di chiamarla.

1. Hai comprato *le banane*?

_____

2. Hai chiuso *la porta*?

_____

3. Hai telefonato *a Matteo*?

_____

4. Hai parlato *a Stefania*?

_____

5. Hai cercato *il numero di telefono*?

_____

6. Hai invitato *gli zii* a pranzo?

_____

Come si dice in italiano?

1. Marco and Vanna got married three years ago.

_____

2. Marco found a good job at the Fiat plant **(fabbrica)**, and his wife continued to **(a)** work at the bank.

_____

3. One day two months ago, Marco lost (his) job, and their life became very difficult.

_____

4. Luckily **(fortunatamente)**, one of his father's friends phoned him and gave him a job in his firm **(ditta)**.

_____

5. Marco called his wife and gave her the good news **(notizia)**.

_____

6. Now, every morning Marco and his wife get up at 6:00; they wash and get dressed in a hurry.

_____

7. They only have time to **(di)** drink a cup of coffee. Then they say good-bye to each other **(salutarsi)** and go to work.

_____

Attività video

Che ore sono? Dopo che avete guardato questa sezione del video, in gruppi di tre studenti, completate le seguenti attività.

A. Fatevi a turno le seguenti domande.

1. Marco va a fare il biglietto. Dove vuole andare? _____

2. Perché non può andarci? _____

3. Quanto tempo ha la prima persona intervistata per l'intervallo del pranzo? _____
   _____

4. A che ora apre il negozio la seconda persona? A che ora chiude la sera? Lavorano anche la domenica? _____
   _____

5. In quale giorno del mese i negozi fanno un mercato esterno? _____

6. Cosa sono i Ricciarelli? _____

7. Che cosa ricordano a Marco? _____

8. Perché prima di partire in macchina con Giovanni, Marco apre il tetto della macchina (sunroof)?
   _____
   _____

B. Quale delle due frasi corrisponde a quello che *(what)* le persone dicono?

1. **a.** Marco vuole visitare il museo.

   b. Il museo è ancora chiuso.

2. **a.** La prima persona intervistata ha solo un'ora per il pranzo.

   b. Incomincia a lavorare alle nove di mattina.

3. **a.** I negozi chiudono nel mese di luglio.

   b. Il mercato esiste da vent'anni.

4. **a.** I Ricciarelli sono dolci tipici di Bologna.

   b. La nonna di Marco gli comprava questi dolci quando lui era piccolo.

5. **a.** Oggi fa brutto tempo.

   b. Marco e Giovanni proseguono per Firenze.

Esercizi orali

Studio di parole   Albergo e banca

🔊 CD 3, TRACK 17

Preparare un viaggio d'affari. Lorenzo Briganti works in marketing for Prosciutti Marchioro di Bologna, an Italian meat company. He has to present his company's products to Formaggi Palmieri, a cheese company in Palermo. He has recorded some notes on his iPod about his plans and last errands. Listen to his notes, which you will hear twice, then make a list of seven tasks Lorenzo has to deal with before he leaves (the first one is already written for you).

Promemoria

1. Telefonare all'ingegner Roberti
2. _____
3. _____
4. _____
5. _____
6. _____
7. _____

Punti grammaticali

8.1 I verbi riflessivi e reciproci

🔊 CD 3, TRACK 18

A. Gli impiegati dell'azienda Marchioro. Listen as the general manager of Prosciutti Marchioro describes the morning routine of his employees. Indicate which reflexive verb he uses in each sentence, which will be repeated twice.

Esempio   You hear: La signora Maria si sveglia alle cinque.
You underline: <u>si sveglia</u> / si alza / si prepara / si scusa

1. si sveglia / si alza / si prepara / si scusa
2. si sveglia / si alza / si prepara / si scusa
3. si sveglia / si alza / si prepara / si scusa
4. si sveglia / si alza / si prepara / si scusa
5. si sveglia / si alza / si prepara / si scusa
6. mi sveglio / mi alzo / mi preparo / mi scuso

🔊 CD 3, TRACK 19

B. Tu e il tuo amico/la tua amica fate le seguenti cose? Someone is asking if you and your friend do the following things. Answer in the affirmative. Then repeat the response after the speaker.

Esempio   Vi divertite alle feste?   *Sì, ci divertiamo alle feste.*

1. _____
2. _____
3. _____
4. _____
5. _____

CD 3, TRACK 20

C. E tu (voi) cosa fai (fate)? Ask the question that would elicit each of the following answers. Then repeat after the speaker.

Esempio   Io non mi diverto al cinema.
               Ti diverti al cinema tu?

1. _____

2. _____

3. _____

4. _____

8.2 Il passato prossimo con i verbi riflessivi e reciproci

CD 3, TRACK 21

A. La giornata di Filippo. Listen to the scrambled description of what Filippo did yesterday and match each sentence with the appropriate drawing. Each sentence will be repeated twice.

a. _____

b. _____

c. _____

d. _____

e. _____

f. _____

CD 3, TRACK 22

B. Tutti si sono divertiti alla festa ieri sera. Listen to the model sentence. Then form a new sentence by substituting the subject given. Repeat each response after the speaker.

Esempio   Io mi sono divertito ieri sera. (Franca)
               Franca si è divertita ieri sera.

1. _____

2. _____

3. _____

4. _____

5. _____

6. _____

CD 3, TRACK 23

C. Formiamo frasi reciproche. Form a complete sentence, using the cues and the reciprocal construction in the past tense. Then repeat each response after the speaker.

Esempio   (Carlo e Teresa / scriversi)
               Carlo e Teresa si sono scritti.

1. _____

2. _____

3. _____

4. _____

5. _____

8.3 I pronomi indiretti

CD 3, TRACK 24

A. Domande e risposte. Listen to the following short conversational exchanges between university students. After you hear each exchange, which will be repeated twice, indicate if an indirect-object pronoun has been used by placing a checkmark beside the number of that exchange. Each conversation will be repeated twice.

1. _____   4. _____

2. _____   5. _____

3. _____   6. _____

CD 3, TRACK 25

B. A chi scriviamo? Answer each question, replacing the noun with the appropriate indirect-object pronoun. Then repeat the response after the speaker.

Esempio   Scrivi a Luigi?   *Sì, gli scrivo.*

1. _____

2. _____

3. _____

4. _____

5. _____

CD 3, TRACK 26

C. Usiamo il formale. Answer each question using the formal indirect-object pronoun. Then repeat the response after the speaker.

Esempio   Professore, mi scrive?   *Sì, Le scrivo.*

1. _____

2. _____

3. _____

4. _____

8.4 I pronomi indiretti con l'infinito

CD 3, TRACK 27

A. L'infinito con i pronomi indiretti. Answer each question by replacing the noun with the appropriate indirect-object pronoun. Then repeat the response after the speaker.

Esempio   Devo parlare al professore?   *Sì, devi parlargli.*

1. _____

2. _____

3. _____

4. _____

CD 3, TRACK 28

B. Cosa deve fare il compagno di stanza di Marco? Listen as Marco asks his roommate some questions and indicate whether a direct- or indirect-object pronoun is used in each answer. Each exchange will be repeated twice.

Esempio   You hear: — Devi lavare la macchina?
                        — Sì, devo lavarla.
              You underline: <u>diretto</u> / indiretto

1. diretto / indiretto   3. diretto / indiretto   5. diretto / indiretto

2. diretto / indiretto   4. diretto / indiretto   6. diretto / indiretto

Dettato

CD 3, TRACK 29

A. Dettato: La giornata all'università di Michela. Listen to Michela's description of her day. She is a student at the University of Venice, where she studies English and French. Her comments will be read the first time at normal speed, a second time more slowly so that you can supply the missing reflexive verbs and times, and a third time so that you can check your work. Feel free to repeat the process several times if necessary.

Stamattina _____ alle _____ perché ho dovuto andare a

prendere il treno delle _____ da Padova per andare all'Università Ca' Foscari di

Venezia. _____ una buona colazione di latte e cereali, _____

una giacca, perché alle _____ fa fresco e sono andata alla stazione in bici alle

_____. Il treno è arrivato puntuale come sempre al terzo binario e siamo arrivati

a Venezia alle _____.

　　　La prima lezione è stata quella di francese e _____, poi sono andata alla

lezione di letteratura alle _____ e _____ perché ha sempre

parlato il professore. A _____, per pranzo, ho incontrato Michele, il mio ragazzo,

_____ e _____ e poi siamo andati alla mensa universitaria.

Lì abbiamo incontrato Luisa e Carlo e abbiamo pranzato tutti insieme.

　　　Alle _____ io e Luisa siamo andate in biblioteca e Carlo e Michele invece

hanno avuto lezione di economia. Alle _____ _____ tutti

alla stazione e abbiamo preso il treno per tornare a Padova. Poi _____ e la sera

alle _____ _____.

CD 3, TRACK 30

B. I consigli di un buon padre. Listen as Filippo's father gives him advice about his future, then answer the following questions. His father's comments will be repeated twice.

1. Perché Filippo deve fermarsi? _____

2. In che cosa deve laurearsi? _____

3. Cosa deve fare quando cerca un lavoro? _____

4. Cosa deve fare tutte le mattine? _____

5. Cosa non deve fare al lavoro? _____

6. Cosa deve fare se vuole divertirsi? _____

7. Cosa può fare la sera? _____

Attività video

Che tempo fa? Dopo che avete guardato questa sezione del video, in gruppi di tre studenti, completate le seguenti attività.

A. Fatevi a turno le domande.

1. Secondo Marco, com'è Roma in primavera? _____

2. Perché Marco ama l'estate? Cosa pensa dell'autunno? _____

3. Perché la prima intervistata preferisce l'estate? _____

4. Una persona dice che il tempo è imprevedibile. Cosa vuol dire? _____

5. Marco preferisce l'estate, però ama anche l'inverno. Per quale ragione? _____

6. A che ora arrivano a Firenze Marco e il suo amico Giovanni? _____

7. Che tempo fa a Firenze? _____

8. Una persona intervistata dice che adora Firenze perché _____

9. Quale grande movimento umanistico è nato a Firenze? _____

10. Quali sono alcuni grandi artisti di cui (*of whom*) possiamo ammirare le opere agli Uffizi?

    _____

11. L'ultima persona intervistata dice che il Ponte Vecchio è bellissimo, però _____.

B. Completate quello che dicono le persone intervistate (e Marco).

1. Le cose che Marco ama dell'estate sono: _____ _____ _____ .

2. Roma in primavera è piena di _____ .

3. L'autunno, per Marco, è una stagione _____ .

4. Un'intervistata ha dei problemi in inverno perché _____ .

5. Dopo Ferragosto ci sono due settimane di _____ .

6. Per Marco l'inverno è bello solo perché c'è _____ .

7. L'arte di Firenze è _____ .

8. Firenze è sempre stata famosa per i suoi _____ .

9. Agli Uffizi si possono vedere i capolavori *(masterpieces)* di _____ .

Vedute d'Italia   Il governo italiano

A. Prima di leggere. The following reading offers a glimpse of Italy's government. Italy boasts a history and civilization that goes back to antiquity, even though the modern nation of city states was only founded in 1861. From 1922, the Fascist government had concentrated power in the figure of Benito Mussolini, prime minister, while still maintaining the figure of King Victor Emmanuel III. However, from 1946 Italy has had a parliamentary republic as a form of government, with a chamber of deputies and a senate in law-making capacities. The President in Italy is appointed for seven years. But Italy also famously has a multitude of political parties, often causing considerable instability in governance.

La Repubblica Italiana

LA DESTRA - FIAMMA TRICOLORE

PARTITO DEMOCRATICO

IL POPOLO DELLA LIBERTÀ

UNIONE DEMOCRATICI CRISTIANI E DEMOCRATICI DI CENTRO

L'Italia è un Paese che vanta (*boasts*) una storia e una civiltà antiche. Come Stato, tuttavia (*however*), è nata solamente nel 1861, con il nome di Regno d'Italia. La dittatura fascista, iniziata nel 1922, ha accettato la presenza del re, ma ha centralizzato il potere (*power*) nelle mani di Mussolini. La fine della seconda guerra mondiale ha visto anche la fine del fascismo e della monarchia: il 2 giugno 1946 gli Italiani si sono presentati alle urne (*polls*) per scegliere (*to choose*) la forma del nuovo governo, la Repubblica.

Oggi l'Italia è una repubblica parlamentare. Il Parlamento è formato dalla Camera dei Deputati (*House of Representatives*) e da quella dei Senatori. Questi hanno il potere di eleggere il Presidente e di fare le leggi. Il Presidente resta in carica (*is appointed*) per sette anni. In Italia ci sono diversi (*several*) partiti (*parties*) politici. Questa pluralità di partiti è una delle cause principali dell'instabilità del governo italiano.

B. Alla lettura. Read the passage a second time and answer the following questions.

1. Quando l'Italia è nata come Stato? Con quale nome? _____

2. Quando è iniziata la dittatura fascista? _____

3. Chi aveva il potere durante il fascismo? _____

4. Quando sono finite la dittatura fascista e la monarchia? _____

5. Quando e perché gli Italiani si sono presentati alle urne? _____

6. Come è formato il Parlamento? Che potere hanno i membri del Parlamento? _____

7. Per quanti anni il Presidente resta in carica? _____

8. Qual è una delle cause di instabilità del governo italiano? _____

Capitolo 9 — Mezzi di diffusione

Esercizi scritti

Studio di parole   Stampa, televisione, cinema

A. Gioco di abbinamento. Match the words in column A with their correct definitions in column B.

A	B
1. _____ lo scrittore/ la scrittrice	**a.** Una persona che scrive articoli per un giornale o una rivista
2. _____ il (la) giornalista	**b.** Un racconto lungo che tratta di una storia d'amore
3. _____ il telegiornale	**c.** La storia di un racconto o di un film
4. _____ il romanzo rosa	**d.** La persona che interpreta un personaggio in un film
5. _____ il romanzo giallo	**e.** La persona che dirige un film
6. _____ la trama	**f.** La persona che scrive racconti o romanzi
7. _____ il (la) regista	**g.** Un racconto che tratta di un mistero
8. _____ l'attore/l'attrice	**h.** Un programma televisivo con le notizie

B. Alla TV. Complete the sentences with the correct vocabulary expression.

1. Se voglio vedere una videocassetta, ho bisogno del _____.

2. Un romanzo alla televisione si chiama _____.

3. Per cambiare canale, uso il _____.

4. Se voglio ascoltare le notizie, guardo il _____.

5. La persona che presenta le notizie si chiama l' _____.

6. Un programma per bambini è un _____.

7. Se non mi piace un programma, cambio _____.

8. Quando ho finito di guardare, devo spegnere il _____.

Punti grammaticali

9.1 L'imperfetto

A. Cosa facevamo anni fa? Answer the following questions, using each subject in parentheses and changing the verb form accordingly.

1. Chi diceva bugie? (Pinocchio, i bambini, anche tu)

   _____

2. Chi faceva sempre viaggi? (tu, io, i due senatori, noi)

   _____

3. Chi era stanco di ascoltare? (la gente, noi, anche voi)

   _____

B. Una volta le cose funzionavano diversamente. Contradict the following statements, beginning each sentence with **Una volta** and changing the verb to the **imperfetto**.

Esempio   I treni arrivano in ritardo.
              Una volta i treni non arrivavano in ritardo.

1. I libri costano tanto. _____
2. Ci sono molti canali alla TV. _____
3. Ci sono tanti gruppi politici. _____
4. I bambini sono maleducati *(rude)*. _____
5. I bambini guardano la TV per troppe ore. _____

C. La mattina di Lucio. Lucio is describing to a friend how things were this morning when he went out. Change each sentence to the **imperfetto**.

1. Sono le otto.

   _____

2. È nuvoloso e fa freddo.

   _____

3. La gente ha l'ombrello e cammina frettolosamente *(hurriedly)*.

   _____

4. Gli autobus sono affollati.

   _____

5. I bambini vanno a scuola.

   _____

9.2 Contrasto tra imperfetto e passato prossimo

A. Una volta (Once) o sempre? Change each sentence to the **imperfetto** or **passato prossimo** according to the expression in parentheses.

Esempio   Piove. (tutti i giorni) *Pioveva tutti i giorni.*

1. Prendo l'autobus. (di solito)

   _____

2. Il papà ci racconta una favola. (ogni sera)

   _____

3. Prendiamo l'autobus. (sempre)

   _____

4. Si arrabbia con noi. (stamattina)

   _____

5. Ci vediamo. (il 23 aprile)

   _____

6. Ritornano presto. (ogni giorno)

   _____

7. Ritornano tardi. (qualche volta)

   _____

8. Andiamo al cinema. (il sabato)

   _____

9. Andiamo a una riunione politica. (sabato scorso)

   _____

10. Uscite. (ieri sera)

    _____

B. Sono andato o andavo? Complete each sentence in the **imperfetto** or the **passato prossimo** according to the meaning.

1. Ieri sera io (andare) _____ a teatro; (esserci) _____ molta gente.

2. Quando Paolo (ritornare) _____ dagli Stati Uniti, i suoi genitori lo (aspettare)

   _____ all'aeroporto.

3. Quando noi (arrivare) _____ dai Morandi, i bambini (giocare)

   _____, mentre lui e lei (leggere) _____ delle riviste.

4. Ieri sera noi (leggere) _____ dalle nove a mezzanotte; poi (andare)

   _____ a letto.

5. Tutte le estati la famiglia (passare) _____ un mese di vacanza in montagna.

C. Perché hanno fatto queste cose? Form complete sentences stating the reasons for the actions of the following people.

Esempio   (Dino / vendere la macchina / avere bisogno di soldi)
Dino ha venduto la macchina perché aveva bisogno di soldi.

1. (Maria / mettersi un golf / avere freddo)

_____

2. (io / restare a casa / non stare bene)

_____

3. (tu / vestirsi in fretta / essere tardi)

_____

4. (i signori Brunetto / cenare prima del solito / aspettare gli amici)

_____

5. (noi / fermarsi / esserci molta gente sul marciapiede)

_____

6. (Pietro / prendere l'impermeabile / nevicare)

_____

D. Perché non hai fatto queste cose? Read the questions and complete each answer according to the example.

Esempio   Hai comprato la frutta?
Volevo comprare la frutta, ma non era bella.

1. Hai scritto il riassunto?

_____, ma non stavo bene.

2. Hai comprato i giornali?

_____, ma l'edicola era chiusa.

3. Hai lavato i piatti?

_____, ma la lavastoviglie non funzionava.

4. Hai telefonato a Mirella?

_____, ma il telefono era sempre occupato.

5. Hai parlato a tuo padre?

_____, ma non era a casa.

6. Hai spento la TV?

_____, ma mi sono dimenticato(a).

E. *Sapere* e *conoscere* **al passato.** Answer each question by using the cue in parentheses and either the **passato prossimo** or the **imperfetto** of **sapere** or **conoscere** according to the meaning.

Esempio   Sapevi che Luisa era a Roma? (no)
                No, non lo sapevo.

1. Sapevi che Gabriella era sposata? (sì)

   _____

2. Sapevi che l'esame d'italiano era oggi? (no, un'ora fa)

   _____

3. Sapevi che dovevi preparare un discorso? (no, qualche minuto fa)

   _____

4. Conoscevi la figlia del professore di storia? (no)

   _____

5. Conoscevi il fratello di Piero? (sì, a una festa l'altra sera)

   _____

9.3 Il trapassato prossimo

A. **Che cosa era successo prima delle elezioni?** Answer each question, using the cue in parentheses and the **trapassato prossimo.**

1. Perché il candidato era scontento? (perdere le elezioni)

   _____

2. Perché il Primo Ministro era stanco? (avere troppe riunioni)

   _____

3. Perché i due studenti festeggiavano con spumante? (laurearsi)

   _____

4. Perché voi avevate sonno? (andare a letto tardi)

   _____

5. Perché la signora era felice? (ritornare dall'ospedale)

   _____

6. Perché la gente rideva? (sentire una barzelletta [joke])

   _____

B. Cosa ti ha detto? Start each sentence with **Mi ha detto che,** followed by the **trapassato prossimo.** Make all the necessary changes.

Esempio   Ho visto poca gente per la strada.
Mi ha detto che aveva visto poca gente per la strada.

1. Ho cercato la casa. _____

2. Sono entrato(a) nel garage. _____

3. Ho perso il portafoglio. _____

4. Ho comprato un videoregistratore.

   _____

5. Ho ascoltato le notizie alla TV.

   _____

6. Ho visto un film di fantascienza.

   _____

9.4 Avverbi

A. Come fanno queste cose queste persone? Answer each question, substituting the appropriate adverb for the adjective in parentheses.

Esempio   Come cammina il turista? (rapido)
Cammina rapidamente.

1. Come canta Bocelli? (meraviglioso)

   _____

2. Come spiega il professore? (paziente)

   _____

3. Come dormono i bambini? (tranquillo)

   _____

4. Come giocano i ragazzi? (libero)

   _____

5. Come ascoltano gli studenti? (svogliato *[unwilling]*)

   _____

6. Come risponde la signorina? (gentile)

   _____

7. Come funziona il motore? (regolare)

   _____

B. Aggettivo o avverbio? Complete each sentence with the appropriate form of the adjective or its corresponding adverb.

Esempi   Lui parla _____. (serio)
*Lui parla **seriamente**.*

La situazione è _____. (serio)
*La situazione è **seria**.*

1. La conferenza è stata _____. (interessante)

2. Ho capito _____. (perfetto)

3. La nostra partenza è molto _____. (probabile)

4. È stato un viaggio _____. (speciale)

5. Abbiamo visitato _____ le colline toscane. (speciale)

6. Viviamo una vita _____. (semplice)

7. Da anni viviamo _____. (semplice)

8. La Maserati è una macchina _____. (veloce)

9. La macchina corre _____. (veloce)

C. La posizione degli avverbi. Answer each question, choosing one of the adverbs in parentheses.

Esempio   Ha visitato Bologna? (mai / qualche volta)
Non ho mai visitato Bologna.

1. Quando è uscito(a) di casa stamattina? (presto / tardi)

   _____

2. Quando parte da Milano? (adesso / dopo)

   _____

3. Quante volte ha fatto lunghi viaggi? (spesso / raramente)

   _____

4. Ha viaggiato in treno? (mai / qualche volta)

   _____

5. Va a scuola in macchina? (sempre / mai / alcune volte)

   _____

6. È andato(a) all'estero? (spesso / una volta / mai)

   _____

7. È stato(a) in Italia? (già / non ancora)

   _____

9.5 *Da quanto tempo? Da quando?*

A. *Da quanto tempo* o *da quando*? Write the question that would elicit each answer, using **Da quanto tempo** or **Da quando** accordingly.

Esempio   Sono a Bologna dal mese scorso.
Da quando sei a Bologna?

1. Sono sposato da una settimana.

   _____

2. Lavoro dal mese di ottobre.

   _____

3. Nino suona la chitarra da anni.

   _____

4. Conosco Marisa da diversi mesi.

   _____

5. Viviamo in via Garibaldi dall'anno scorso.

   _____

6. Gianna e Paolo escono insieme da un mese.

   _____

B. Un tuo amico italiano vuole conoscere la tua vita di studente al liceo. An Italian high-school student is interviewing you about your high-school years. Answer each question in a complete sentence, using a time expression or the negation **non... ancora.**

Esempio   Da quanto tempo avevi la macchina?   *L'avevo da pochi mesi.* o *Non l'avevo ancora.*

1. Da quanto tempo frequentavi la scuola secondaria?

   _____

2. Da quanto tempo uscivi solo(a) la sera?

   _____

3. Da quanto tempo sapevi ballare?

   _____

4. Da quanto tempo avevi il ragazzo/la ragazza?

   _____

5. Da quanto tempo lavoravi?

   _____

6. Da quanto tempo studiavi una lingua straniera?

   _____

Come si dice in italiano?

1. Last week I went to a movie with my friend Laura.

   _____

2. Laura wanted to see an old, romantic movie, a classic. She said they were showing *Casablanca* at a movie theater downtown.

   _____

3. I had a lot of homework, and I had already seen the movie at least **(almeno)** twice, but I had not seen Laura since her birthday, so I decided to go with her **(lei)**.

   _____

4. When we came out of the movie theater, we met John, an old friend of mine. We used to go to the same high school.

   _____

5. Since it was early, we invited John to come with us **(noi)** to have **(prendere)** an ice cream at our favorite ice-cream shop **(gelateria)**, where they had the best **(migliore)** ice cream in town.

   _____

6. I asked John if he was working or if he was still going to school.

   _____

7. He said he was attending the university and it was his last year. He was planning **(progettare)** to travel for three months at the end of the school year.

   _____

8. It was 8 o'clock and it was beginning to rain. Since we had an umbrella, we decided to walk home in the rain **(sotto la pioggia)**.

   _____

Esercizi orali

Studio di parole   Stampa, televisione, cinema

🔊 CD 3, TRACK 31

Annunci alla TV. You are visiting a friend in Italy and have decided to stay home this evening and watch TV. Listen to the announcements about program options, then decide which one you would most enjoy watching and explain why. You will hear each announcement twice.

1. Quale programma preferisci?

_____ **a.** Rai Uno   _____ **d.** Rete Quattro

_____ **b.** Canale 5   _____ **e.** Rai Tre

_____ **c.** La 7

2. Spiega le ragione della tua scelta in una o due frasi.

_____

_____

_____

Punti grammaticali

9.1 L'imperfetto

🔊 CD 3, TRACK 32

A. Cosa faceva la nonna di Marta? Listen to Marta's grandmother as she describes what she used to do when she was younger. Then indicate which of the following statements are true **(Vero)** and which are false **(Falso).** You will hear the description twice.

		Vero	Falso
1.	Andava a scuola in autobus.	_____	_____
2.	Prendeva latte e pane per colazione.	_____	_____
3.	A pranzo tornava a casa.	_____	_____
4.	Pranzava con i compagni.	_____	_____
5.	Mangiavano la carne e il pesce.	_____	_____
6.	Giocavano un po' nel cortile della chiesa.	_____	_____
7.	Faceva i compiti da sola.	_____	_____
8.	C'era un tutore.	_____	_____
9.	Prendeva il tè alle cinque.	_____	_____
10.	Guardava la televisione.	_____	_____
11.	Studiava o aiutava la mamma prima di cena.	_____	_____
12.	Abitava solo con i suoi genitori.	_____	_____
13.	Tutta la famiglia abitava nella stessa grande casa.	_____	_____

🔊 **CD 3, TRACK 33**

B. Ripetiamo con un soggetto diverso. Listen to the model sentence. Then form a new sentence by substituting the noun or pronoun given and making all necessary changes. Repeat each response after the speaker.

Esempio   Quando io avevo dieci anni, preferivo giocare. (tu)
Quando tu avevi dieci anni, preferivi giocare.

1. _____

2. _____

3. _____

4. _____

🔊 **CD 3, TRACK 34**

C. Com'era la vita quando il padre di Antonio era bambino? Antonio's father constantly reminds his children of how life was when he was young. Recreate his statements by changing the verb of each sentence to the imperfect tense. Then repeat the response after the speaker.

Esempio   Mio padre ha sempre ragione.
Mio padre aveva sempre ragione.

1. _____

2. _____

3. _____

4. _____

5. _____

6. _____

9.2 Contrasto tra imperfetto e passato prossimo

🔊 **CD 3, TRACK 35**

A. Imperfetto o passato prossimo? Listen as Marta's grandmother reminisces about her youth. Concentrate on her use of the past tenses and indicate which tense—**imperfetto, passato prossimo**—is used in each sentence. Each statement will be repeated twice.

Esempio   You hear: Quando gli Americani sono arrivati sulla luna, il Presidente ha parlato in Parlamento per trenta minuti.
You underline: imperfetto / <u>passato prossimo</u>

1. imperfetto / passato prossimo

2. imperfetto / passato prossimo

3. imperfetto / passato prossimo

4. imperfetto / passato prossimo

5. imperfetto / passato prossimo

6. imperfetto / passato prossimo

CD 3, TRACK 36

B. Cambiamo le frasi dall'imperfetto al passato prossimo. Change each sentence to the **passato prossimo** as in the example. Then repeat the response after the speaker.

Esempio   Di solito votavo per i repubblicani.
                Anche ieri ho votato per i repubblicani.

1. _____

2. _____

3. _____

4. _____

CD 3, TRACK 37

C. Cosa ti ha detto il tuo amico americano? During your stay in Italy you met an American student. Now you're telling a friend what he told you about himself. Use the cue to form each sentence. Then repeat the response after the speaker.

Esempio   Mi ha detto che lavorava in un bar. (vivere con amici)
                Mi ha detto che viveva con amici.

1. _____

2. _____

3. _____

4. _____

5. _____

9.3 Il trapassato prossimo

CD 3, TRACK 38

A. Tutti avevano fatto le stesse cose. Listen to the model sentence. Then form a new sentence by substituting the subject given and making all necessary changes. Repeat each response after the speaker.

Esempio   Io non avevo capito bene. (Carlo)
                Carlo non aveva capito bene.

1. _____

2. _____

3. _____

4. _____

5. _____

CD 3, TRACK 39

B. Tutti avevano già mangiato. The following people didn't eat because they had already done so. Recreate their statements by substituting the subject given and making all necessary changes. Repeat each response after the speaker.

Esempio   Io non ho mangiato perché avevo già mangiato. (noi)
Noi non abbiamo mangiato perché avevamo già mangiato.

1. _____
2. _____
3. _____
4. _____

9.4 Avverbi

CD 3, TRACK 40

A. Formiamo gli avverbi dagli aggettivi. Give the adverb corresponding to each of the following adjectives. Then repeat the response after the speaker.

Esempio   fortunato
fortunatamente

1. _____
2. _____
3. _____
4. _____
5. _____
6. _____
7. _____
8. _____
9. _____
10. _____

CD 3, TRACK 41

B. Come abbiamo fatto tante cose! Filippo is telling his friend Carlo about his honeymoon with Gabriella. Listen to his description and write down the adverbs that you hear him use. You will hear the description twice.

_____
_____
_____

C. Come ha fatto le cose Patrizia? Patrizia is talking about herself to some friends. Use the adverb to complete each statement. Be sure to use the adverb in the right place. Then repeat the response after the speaker.

Esempio   Ho pensato a un viaggio in aereo. (sempre)
Ho sempre pensato a un viaggio in aereo.

1. _____
2. _____
3. _____
4. _____
5. _____

9.5 *Da quanto tempo? Da quando?*

A. Gli studenti d'italiano fanno queste cose da tanto tempo. Listen as a professor lists what various students in her class have been doing for some time. Complete each sentence by indicating who has been doing what and for how long. Each statement will be repeated twice.

Esempio   You read: _____ il piano da _____.
You hear: Marco suona il piano da cinque anni.
You write: *Marco suona il piano da cinque anni.*

1. _____ l'università da _____ .
2. _____ a basket da _____ .
3. _____ sciare da _____ .
4. _____ l'italiano da _____ .
5. _____ francese dal _____ .
6. _____ negli Stati Uniti dal _____ .

B. Da quando fate queste cose? Antonio is asking some friends since when they have been doing different things. Use the cue to recreate each answer. Then repeat the response after the speaker.

Esempio   Da quando siete qui? (stamattina)
Siamo qui da stamattina.

1. _____
2. _____
3. _____
4. _____

Dettato

🔊 CD 3, TRACK 45

A. Dettato: Leggiamo *Io non ho paura*. Listen to the description of a short contemporary Italian novel. It will be read the first time at normal speed; a second time more slowly so that you can supply the missing words, including verbs in the **passato prossimo, trapassato prossimo,** and **imperfetto;** and a third time so that you can check your work. Feel free to repeat the process several times if necessary.

Il _____ racconta la storia di un bambino di undici anni: Michele Perotto.

    Michele _____ con i suoi amici sulla collina un po' lontano dal loro paese

piccolissimo di Pojana. I bambini _____ una competizione, _____

correre su per la collina fino al punto più alto. Michele _____ ultimo perché sua sorella

Maria _____ e lui _____ ad aiutarla. Quando _____

sulla collina _____ una casa molto vecchia. Michele _____ nella

casa e quando _____ dall'altra parte, _____ un buco (*hole*) dove

_____ un bambino nascosto. Michele non l'_____ agli altri bambini.

    Mentre _____ a casa Michele _____ preoccupato

perché _____ tardi e _____ che la mamma probabilmente

_____ arrabbiata, _____ già _____ l'ora del pranzo.

    Quando Michele _____ il bambino nel buco _____ la sua

avventura, fino a quando scopre tutta la verità alla fine della storia.

Story based on the novel *Io non ho paura*, written by Niccolò Ammanti.

CD 3, TRACK 46

B. Il dialogo tra Michele e suo padre. Michele's father has just found out that Michele knows about the child hidden on the hill. The father has decided to talk to Michele in his room. Listen to the dialogue, repeated twice, and then answer the following questions.

1. Perché il padre vuole parlare con Michele?

   _____

2. È vero che Michele non ha fatto niente oggi?

   _____

3. Chi ha detto al padre che Michele è andato sulla collina?

   _____

4. Che cosa ha detto Michele al bambino?

   _____

5. Perché il padre è arrabbiato?

   _____

6. Da quanto tempo va Michele sulla collina? Con chi? Quante volte è andato?

   _____

7. Che cosa promette al padre?

   _____

Vedute d'Italia   Una poesia: «Sicilia»

A. Prima di leggere. The poem you are about to read is by the distinguished contemporary poet and artist Graziella Riga d'Eramo. The poem describes the beauty of nature. "Sicilia" alludes to the island's long, glorious history, while at the same time evoking the rich present-day beauty of its landscape. As you read the poem, notice how the poet gives the reader a feel for the island's intense colors and scents.

Sicilia
di Graziella Riga d'Eramo

Odore di arance vivo,
    fra il verde di alberi densi,
      colmi, in un mare dolce   *full*
        nel cielo del Sud!...
Terra di Sicilia! Luogo di storia e di arte,
      di affetto e di gloria!...
Selvaggia, come dipinta in un quadro,   *Wild*
    sorgi sovrana, quale **vetusto** tempio,   *rise / ancient*
    vegliata dalle onde dei mari.   *watched over*
Scorre lieto il pensiero lungo i tuoi verdi piani   *Flows*
    diseguali, **smaltati** di fiori,   *glazed*
    e le nude **alture**, fresche di sogno!   *hills*
Offri, ancor'oggi, oh Sicilia,
    ricchi, come in un libro di fiabe,
      i tuoi alberi d'oro!...

B. Alla lettura. Read the poem a second time and answer the following questions.

1. Quali odori e colori rendono *(make)* viva la terra di Sicilia?

   _____

2. Quali quattro sostantivi usa la poetessa per descrivere il luogo?

   _____

3. A cosa paragona *(compares)* la Sicilia?

   _____

4. Cosa veglia *(watched over)* sull'isola?

   _____

5. Cosa vuol dire la poetessa quando descrive i piani «smaltati di fiori»?

   _____

6. Di cosa sono carichi *(full)* gli alberi d'oro in Sicilia?

   _____

Capitolo 10 La moda

Esercizi scritti

Studio di parole Articoli di abbigliamento

LA MODA Abbigliamento per Uomo Donna Bambini

SALDI
di
fine stagione
sconti fino
al 60%

A. I vestiti e gli accessori. Write the name of the clothing and accessories next to their corresponding numbers.

1. _____
2. _____
3. _____
4. _____
5. _____
6. _____
7. _____
8. _____
9. _____
10. _____
11. _____
12. _____

13. _____
14. _____
15. _____
16. _____
17. _____
18. _____
19. _____
20. _____
21. _____
22. _____
23. _____

B. Un abito per ogni occasione. Answer the following questions with complete sentences.

1. Cosa ti metti quando hai caldo?

_____

2. Cosa ti metti quando piove?

_____

3. Cosa ti metti per andare a teatro?

_____

4. Cosa ti metti per andare in palestra (*gym*)?

_____

5. Cosa ti metti per andare a una festa con amici?

_____

6. Cosa ti metti quando hai freddo?

_____

Punti grammaticali

10.1 L'imperativo

A. Tu inviti i tuoi amici. Invite your friends to do the following things with you.

Esempio   (andare al cinema)
Andiamo al cinema!

1. (fare colazione)

_____

2. (ascoltare dei CD)

_____

3. (prendere un aperitivo)

_____

4. (giocare a tennis)

_____

B. Rispondi con un comando ad un amico/un'amica. Give the **tu** form of the imperative in response to the following questions. Answer her questions, as in the example.

Esempio   Posso venire domani?   *Vieni!*

1. Posso uscire? _____

2. Posso entrare? _____

3. Posso spedire la lettera? _____

4. Posso parlare? _____

5. Posso partire stasera? _____

C. Dai! Non fare sempre così! Invite your friend to do the opposite of what he or she is doing.

Esempio   Ha fretta.   *Non avere fretta!*

1. Compra troppi vestiti.

   _____

2. È sempre in ritardo.

   _____

3. Sta a letto quando piove.

   _____

4. Promette cose che non può mantenere *(to keep)*.

   _____

5. Dice troppe bugie *(lies)*.

   _____

6. Porta troppe valigie quando viaggia.

   _____

D. Invita i tuoi fratellini a non fare queste cose. Invite your younger brothers to do the opposite of what they're doing.

Esempio   Leggono le tue lettere.   *Non leggete le mie lettere!*

1. Usano la tua carta da lettere *(stationery)*.

   _____

2. Fanno troppo rumore *(noise)*.

   _____

3. Giocano nella tua stanza.

   _____

4. Mettono i vestiti nuovi quando vanno al parco.

   _____

5. Dimenticano di mettersi il golf quando fa freddo.

   _____

E. **Siamo gentili!** Give the formal imperative of each verb.

   Esempio   (partire)   *Parta!*

   1. (provare questo vestito) _____

   2. (non partire oggi) _____

   3. (prendere una misura più grande) _____

   4. (non andare in quel negozio) _____

   5. (fare attenzione) _____

   6. (avere pazienza) _____

   7. (venire alla sfilata di moda) _____

   8. (non essere in ritardo) _____

   9. (dare la carta di credito alla commessa) _____

   10. (pagare alla cassa) _____

10.2   L'imperativo con un pronome (diretto, indiretto o riflessivo)

A. **Comandi informali e i pronomi.** Ask your roommate to do the following things for you. Incorporate the pronoun **mi** in every response.

   Esempi   aspettare   *Aspettami!*

               prendere il giornale   *Prendimi il giornale!*

   1. dire la verità

   _____

   2. dare la guida della TV

   _____

   3. fare un favore

   _____

   4. comprare le banane

   _____

   5. ascoltare quando parlo

   _____

   6. spedire questa lettera

   _____

B. Comandi informali a tua sorella. Your sister is going shopping; she asks you if she should get the following things. Answer her questions, as in the example.

Esempio   Prendo le pere? (sì)   *Sì, prendile!*

1. Prendo i grissini? (no)

_____

2. Prendo le uova? (sì)

_____

3. Prendo il burro? (no)

_____

4. Prendo i biscotti? (sì)

_____

5. Prendo l'aranciata? (sì)

_____

6. Prendo lo zucchero? (no)

_____

7. Prendo i limoni? (sì)

_____

C. L'imperativo plurale e i pronomi. You're in charge of your two little brothers. Ask them to do, or not to do, the following things.

Esempio   prepararsi per la scuola   *Preparatevi per la scuola!*

1. svegliarsi

_____

2. lavarsi bene le orecchie

_____

3. vestirsi rapidamente

_____

4. mettersi la giacca di lana

_____

5. non annoiarsi in classe

_____

6. non fermarsi dopo le lezioni

_____

7. divertirsi al parco

_____

D. Consigli ad un amico/un'amica. Your best friend is asking you for advice.

Esempio   Devo telefonare alla mia ragazza? (sì)   *Sì, telefonale!*

1. Devo parlare al professore? (sì)

   _____

2. Devo scrivere a Marisa? (no)

   _____

3. Devo rispondere agli zii? (sì)

   _____

4. Devo domandare scusa a mio fratello? (sì)

   _____

5. Devo telefonare all'avvocato? (no)

   _____

6. Devo chiedere a Laura se viene con noi? (sì)

   _____

E. Cambiamo le frasi al formale! Change the following sentences from the familiar to the formal form of the imperative.

Esempio   Parlale!   *Le parli!*

1. Scrivimi! _____

2. Fammi un favore! _____

3. Dalle la ricetta! _____

4. Non telefonargli, scrivigli! _____

5. Alzati presto domani mattina! _____

6. Non invitarli a pranzo, invitali a cena! _____

10.3 Aggettivi e pronomi dimostrativi

A. Cosa preferisce Antonio? You're going shopping with your friend Antonio to buy him a gift. Ask him which item he prefers by using the elements given and the appropriate form of **questo** and **quello**. Follow the example.

Esempio (completo grigio / giacca blu) *Preferisci questo completo grigio o quella giacca blu?*

1. (maglione di lana / cravatta di seta)

   _____

2. (portafoglio di pelle / CD di Laura Pausini)

   _____

3. (radio [f.] giapponese / calcolatrice elettronica)

   _____

4. (macchina fotografica / televisore Sony)

   _____

B. Impariamo ad usare *quello*. Answer each question, using the appropriate form of the adjective **quello**.

Esempio Quale vestito hai ammirato? *Ho ammirato quel vestito.*

1. Quali stivali hai provato? _____

2. Quale completo ti sei messo ieri? _____

3. In quale macchina sei venuto(a)? _____

4. Quali impiegati hai salutato? _____

5. A quale commessa hai parlato? _____

6. Quali begli anni hai ricordato? _____

C. Quale preferisci? Rispondiamo usando *quello*. Indicate your choice in each of the following situations by substituting the appropriate form of the pronoun **quello** for the noun. Answer in a complete sentence.

1. È la notte di San Silvestro (*New Year's Eve*) e tu vuoi divertirti: Preferisci uscire con amici tristi o con amici allegri (*cheerful*)?

   _____

2. Fa freddo e tu hai solamente due vestiti, uno leggero e l'altro pesante: Quale preferisci metterti?

   _____

3. Sei un impiegato/un'impiegata e hai la possibilità di scegliere (*choose*) fra un capoufficio molto nervoso ma generoso e un altro calmo e paziente ma avaro: Quale preferisci scegliere?

   _____

10.4 Le stagioni e il tempo

A. In che stagione siamo? Answer each question in a complete sentence.

1. In quale stagione gli alberi perdono le foglie *(leaves)*?

_____

2. Qual è la stagione preferita dagli appassionati di sci *(ski)*?

_____

3. Quale stagione aspettano impazientemente tutti gli studenti?

_____

4. In quale stagione arriva Pasqua *(Easter)*?

_____

5. In quale stagione sei nato(a) tu?

_____

B. Che tempo fa? Choose one of the following expressions to complete each sentence.

fa caldo   fa freddo   fa bel tempo   piove   c'è nebbia   nevica   c'è vento

1. Roberto porta un golf di lana perché _____.

2. Simonetta si è messa un abito leggero perché _____.

3. La signora esce con l'ombrello perché _____.

4. I bambini si sono messi gli stivali e il cappotto perché _____.

5. Dino procede lentamente con la macchina perché _____.

6. Il dottor Lisi non si è messo il cappello *(hat)* perché _____.

7. Le ragazze escono per una passeggiata a piedi perché _____.

C. Parliamo del tempo al passato. Answer each question as in the example.

Esempio   Piove a Torino? (ieri)   *No, ma è piovuto ieri.*

1. Nevica sulle Alpi? (tutta la settimana) _____

2. Fa brutto tempo in Riviera? (domenica scorsa) _____

3. Tira vento fuori? (questa mattina) _____

4. Fa caldo lì? (in agosto) _____

5. C'è nebbia oggi? (tutto ieri) _____

6. C'è il sole adesso? (per qualche ora) _____

Come si dice in italiano?

1. Patrizia, why don't we go shopping today?

   _____

2. Oh, not today. It is raining and it is cold outside. Besides **(Inoltre),** I went shopping yesterday.

   _____

3. Really? What did you buy?

   _____

4. I bought these black boots.

   _____

5. They are very beautiful. Next week I plan to **(penso di)** go shopping too **(anch'io).** Do you want to come with me?

   _____

6. Yes. What do you want to buy?

   _____

7. I would like to buy a two-piece suit for my birthday.

   _____

8. When exactly is your birthday? I know it is in May, but I forgot the exact (esatta) date.

   _____

9. I was born on June 17, 1984.

   _____

10. Oh, that's right! The other day I saw a beautiful silk blouse in Armani's window **(vetrina),** and I am planning to buy that blouse for your birthday.

    _____

11. Oh, Patrizia, thank you!

    _____

Attività video

A. Quanto costa? Dopo che avete guardato questa sezione del video, in gruppi di tre studenti, fatevi a turno le domande.

1. Marco dice di non avere due cose importanti. Quali sono? _____

2. Come risolve il problema? _____

3. In che negozio entra? _____

4. Ha visto in vetrina qualcosa che gli può servire? _____

5. Ha bisogno di vestiti pesanti o leggeri? Perché? _____

6. A chi chiede un consiglio? _____

7. Cosa decide di comprare? _____

8. Quanto spende? _____

9. Che età hanno, più o meno, i clienti di questo negozio? _____

10. Come paga il suo acquisto Marco? _____

B. Completate insieme le frasi che seguono.

1. Marco non sembra contento per tre ragioni. Quali sono?

   a. _____   **b.** _____   **c.** _____

2. Marco ha visto in vetrina _____ _____ _____.

3. Il commesso gli dice: «Guarda pure se _____».

4. Il numero delle scarpe è il _____, però per Marco sono _____.

5. La maglietta blu scuro costa _____.

6. La giacca grigio scuro costa _____.

7. Il commesso chiede a Marco: «Come preferisce _____: _____ o _____?»

Esercizi orali

Studio di parole   Articoli di abbigliamento

 CD 4, TRACK 2

Dove e cosa compriamo? Listen to the following three conversations in which people are talking about their shopping trips. Identify the store the person went to (**il negozio di articoli sportivi, il negozio di scarpe, il negozio di abbigliamento**) and what he or she bought. You will hear each conversation twice.

Esempio   You hear: — Ciao Marta, dove sei stata?
— Ciao Marianna, sono stata a fare spese con la mia mamma.

— Che bello! E cosa avete comprato?
— Ho trovato un bel vestito azzurro per il matrimonio di mio fratello, sono così contenta!

You write: Negozio: *il negozio di abbigliamento*
Articolo: *un vestito azzurro*

1. Negozio: _____

   Articolo: _____

2. Negozio: _____

   Articolo: _____

3. Negozio: _____

   Articolo: _____

Punti grammaticali

10.1 L'imperativo

 CD 4, TRACK 3

A. Formale o informale? Listen to the following requests and indicate whether each is formal or informal. You will hear each request twice.

Esempio   You hear: Prendi l'autobus!
You underline: formal / <u>informal</u>

1. formal / informal

2. formal / informal

3. formal / informal

4. formal / informal

5. formal / informal

6. formal / informal

🔊 CD 4, TRACK 4

B. Invita gli amici a fare le seguenti cose. Invite some friends to do the following things, using each verb given, as indicated in the example. Then repeat the response after the speaker.

Esempio   entrare
                Entrate!

1. _____
2. _____
3. _____
4. _____

🔊 CD 4, TRACK 5

C. Dai Lucia, facciamo queste cose insieme! You invite Lucia to share with you each of the following activities. Repeat the correct response after the speaker.

Esempio   andare al cinema
                Andiamo al cinema!

1. _____
2. _____
3. _____

🔊 CD 4, TRACK 6

D. Invita Alberto a non fare queste cose. Tell your friend Alberto not to do the following things. Then repeat the response after the speaker.

Esempio   uscire stasera
                Non uscire stasera!

1. _____
2. _____
3. _____
4. _____
5. _____

10.2 L'imperativo con un pronome (diretto, indiretto o riflessivo)

🔊 CD 4, TRACK 7

A. La cena di Pasqua. Valeria is asking her grandmother if she can help with Easter dinner. Listen carefully to her questions and indicate which direct-object pronoun is used in each answer. You will hear each exchange twice.

Esempio   You hear: — Nonna, compro il pane?
             — Sì, compralo!
             You underline: <u>lo</u> / la / li / le

1. lo / la / li / le   **4.** lo / la / li / le

2. lo / la / li / le   **5.** lo / la / li / le

3. lo / la / li / le   **6.** lo / la / li / le

🔊 CD 4, TRACK 8

B. Mangia, Pietro! Your friend Pietro wants to eat everything in sight. Answer his questions, as in the example. Then repeat the response after the speaker.

Esempio   Posso mangiare la torta?
             Mangiala!

1. _____

2. _____

3. _____

4. _____

🔊 CD 4, TRACK 9

C. Facciamolo insieme! Invite your sister to join you in doing the following things. Replace the noun with the appropriate pronoun. Then repeat the response after the speaker.

Esempio   parlare alla mamma
             Parliamole!

1. _____

2. _____

3. _____

4. _____

CD 4, TRACK 10

D. Ora al plurale! Your parents have gone away for the weekend, and you're in charge of your two younger brothers. Tell them what they have to do. Then repeat the response after the speaker.

Esempio   alzarsi
                Alzatevi!

1. _____
2. _____
3. _____
4. _____

10.3 Aggettivi e pronomi dimostrativi

CD 4, TRACK 11

A. A me piace quello! Listen as people point to and comment on articles of clothing in store windows, and indicate which form of the demonstrative adjective they are using. Each sentence will be repeated twice.

Esempio   You hear: Io vorrei quei pantaloni azzurri.
                You underline: quel / quell' / <u>quei</u> / quegli / quella / quelle

1. quel / quell' / quei / quegli / quella / quelle   4. quel / quell' / quei / quegli / quella / quelle

2. quel / quell' / quei / quegli / quella / quelle   5. quel / quell' / quei / quegli / quella / quelle

3. quel / quell' / quei / quegli / quella / quelle   6. quel / quell' / quei / quegli / quella / quelle

CD 4, TRACK 12

B. Vendiamo questi vestiti! Imagine that you are working in a fashionable Italian boutique. Advertise your products, using the cue and following the example. Then repeat the response after the speaker.

Esempio   Questo vestito è elegante. (borsetta)
                Questa borsetta è elegante.

1. _____
2. _____
3. _____
4. _____
5. _____

10.4 Le stagioni e il tempo

CD 4, TRACK 13

A. Impariamo le stagioni. Repeat after the speaker.

Le stagioni: _____ _____ _____ _____

CD 4, TRACK 14

B. Come sarà il tempo secondo il bollettino meterologico. Listen to the news, without trying to understand every word, and indicate what the weather is going to be like tomorrow in various parts of Italy. You will hear each statement twice.

Esempio   You hear: Domani fa bel tempo su tutte le regioni.
                 You underline: brutto tempo / vento / <u>bel tempo</u> / pioggia / neve / caldo

1. brutto tempo / vento / bel tempo / pioggia / neve / caldo

2. brutto tempo / vento / bel tempo / pioggia / neve / caldo

3. brutto tempo / vento / bel tempo / pioggia / neve / caldo

4. brutto tempo / vento / bel tempo / pioggia / neve / caldo

5. brutto tempo / vento / bel tempo / pioggia / neve / caldo

6. brutto tempo / vento / bel tempo / pioggia / neve / caldo

CD 4, TRACK 15

C. Il tempo non è così. Form a new sentence by substituting the cue. Then repeat the response after the speaker.

Esempio   Questa mattina fa bel tempo. (fa brutto tempo)
                 Questa mattina fa brutto tempo.

1. _____

2. _____

3. _____

4. _____

5. _____

6. _____

Dettato

🔊 CD 4, TRACK 16

A. **Dettato: Alessandra fa le valigie.** Alessandra is going to Italy for a semester to study Italian and art history at a university in Florence. Listen as she tells what she is packing in her suitcase. You will hear her comments the first time at normal speed, a second time more slowly so that you can supply the missing words, and a third time at normal speed so that you can check your work. Feel free to repeat the process several times if necessary.

Domani parto per Firenze, che bello, non vedo l'ora. Oggi devo _____ e devo

pensare a che _____ è e com'è il _____ a Firenze.

    Ora siamo in _____ e fa _____ ma resto a Firenze fino a

Natale e in _____ e _____ fa _____ a Firenze.

Allora adesso posso portare una _____ estiva, con la _____

rossa e i _____, ma non devo dimenticare gli _____ e il

_____. Però devo mettere in valigia dei vestiti per l'_____

e l'_____. Vediamo... devo mettere i _____,

le _____, delle _____, un _____ e l'

_____. Per quando fa più _____ invece, non devo dimenticare

un _____, la _____ pesante e il _____. Devo

anche portare i _____ e la _____. È così difficile pensare all'

_____ quando fa ancora _____!

CD 4, TRACK 17

B. Una gita scolastica. Three classes of students from the school Dante Alighieri in Piazza della Repubblica in Florence are going on a field trip today. The principal is giving to each teacher directions for where his/her class is going. Listen to the principal's directions and indicate on the map the destination of each of the three groups of students. Each set of directions will be repeated twice.

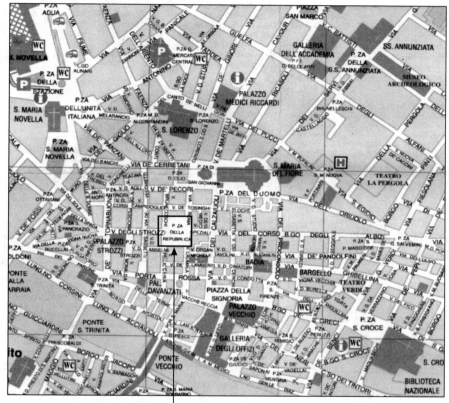

[You are here in Piazza della Repubblica.]

Attività video

Quanto costa? Guardate questa sezione del video una seconda volta e, in gruppi di tre studenti, completate le attività che seguono.

A. Fatevi a turno le domande.

1. «Fare lo shopping» è un'espressione presa in prestito *(borrowed)* dall'inglese. Qual è l'espressione corrispondente in italiano? _____

2. Secondo voi, è mattina o pomeriggio quando Marco entra nel negozio di abbigliamento? Come lo sapete? _____

3. Quando il commesso parla con Marco, gli dà «del tu» o «del Lei» (usa il pronome formale o quello familiare)? _____

4. Il commesso mostra a Marco dei capi *(items)* di abbigliamento leggeri o pesanti? Perché?

   _____

5. Cosa prova Marco? Cosa chiede al commesso? _____

6. Quanto costano le scarpe? Marco le prova? Gli vanno bene? _____

7. Come definisce *(describes)* questo negozio il commesso? Cosa vuol dire? _____

8. Perché il commesso dice «siamo molto contenti»? _____

B. Decidete insieme quale delle due frasi corrisponde al dialogo del video.

1. **a.** Marco ha bisogno di vestiti puliti.

   b. Marco ha bisogno di vestiti leggeri.

2. **a.** Marco entra nel negozio di abbigliamento alle dieci di mattina.

   b. Marco entra nel negozio nel pomeriggio.

3. **a.** Marco sa esattamente cosa vuole comprare.

   b. Marco chiede un consiglio al commesso.

4. **a.** Il commesso invita Marco a cercare qualcosa che gli piace.

   b. Nel negozio non ci sono felpe.

5. **a.** Marco compra la maglietta blu scuro.

   b. Le scarpe costano sessantacinque euro.

6. **a.** Marco compra la giacca grigio scuro a righe.

   b. La giacca che Marco compra è in saldo.

7. **a.** Il commesso dice che hanno ricercato marchi che non esistevano sul mercato italiano.

   b. Marco paga i suoi acquisti con la carta di credito.

Vedute d'Italia Alcune feste dell'anno

A. Prima di leggere. You are about to read about the many various public holidays in Italy, both religious and civil. Starting with New Year's Eve and New Years' day, Italians also celebrate the Epiphany, which commemorates the three kings' visit to the baby Jesus. Then there is **Carnevale** (the most famous one takes place in Venice) where Italians wear masks and take part in parades and floats. Easter follows with chocolate eggs and picnics. The most important summer holiday is **Ferragosto** at the peak of the Italian holiday season when most Italians leave the cities for the seaside, the mountains, or trips abroad. Christmas marks the most important holiday, celebrated with gifts and traditional Italian bread, **il panettone**.

Il calendario italiano abbonda di giorni festivi. Ci sono festività religiose e festività civili. L'anno incomincia con la festa di Capodanno, il primo gennaio. In questo giorno la gente si scambia *(exchange)* gli auguri, dopo i divertimenti della notte di San Silvestro, il 31 dicembre. Il 6 gennaio è l'Epifania, festa che commemora la visita dei tre Re Magi al bambino Gesù. Poi c'è il Carnevale. La gente si diverte con balli mascherati e sfilate *(parades)* di carri *(floats)*. Sono famosi il carnevale di Viareggio e quello di Venezia, città di origine delle maschere. In primavera c'è la Pasqua: la gente compra le uova di Pasqua, i bambini colorano le uova sode e le famiglie fanno le scampagnate *(picnic in the countryside)*. Anche il giorno dopo Pasqua è un giorno di festa. In estate la festa più imporante è il Ferragosto. Questo è il periodo delle vacanze e delle ferie *(paid vacation)*; tutti quelli che possono abbandonano le città per il mare, la montagna o le vacanze all'estero. Le città sono semideserte, eccetto per i turisti. In inverno la festa più importante è il Natale, quando la gente si scambia i regali, i bambini ricevono tanti giocattoli *(toys)* e il dolce tradizionale è il panettone. Anche il giorno dopo Natale, Santo Stefano, è un giorno di festa.

B. Alla lettura. Read the passage a second time and answer the following questions.

1. Qual è la prima festa dell'anno? Cosa fa la gente in questo giorno?

   _____

2. Che festa è il 6 gennaio? Che cosa commemora questa festa?

   _____

3. Come si diverte la gente durante il Carnevale? Quali sono due città rinomate *(renown)* per il Carnevale?

   _____

4. Qual è la festa più importante in primavera? Cosa fanno molte famiglie?

   _____

5. In che stagione è il Ferragosto? Perché il giorno di Ferragosto le città sono semideserte?

   _____

6. Come celebra la gente il Natale? Qual è il dolce tradizionale di questa festa?

   _____

Capitolo 11   Le vacanze

Esercizi scritti

Studio di parole   In vacanza

A. Cosa portiamo? Write at least four items for each category.

1. Al mare porto _____.

2. In montagna porto _____.

B. Preferenze. Answer the following questions with complete sentences.

1. Preferisci andare al mare o in montagna?

   _____

2. Preferisci dormire in una tenda o in un bell'albergo?

   _____

3. Cosa è necessario per fare il campeggio?

   _____

4. Cosa è necessario avere per non perdersi?

   _____

5. Cosa è necessario per andare all'estero?

   _____

Punti grammaticali

11.1 Il futuro

A. Impariamo il futuro. Create a new sentence by substituting each subject in parentheses.

1. Quando pagherai il conto tu? (voi, il turista, loro)

   _____

2. Noi staremo attenti. (io, tu e lui, i bambini, il giovanotto)

   _____

3. Io berrò quando avrò sete. (lei, noi, i viaggiatori)

   _____

4. La signora verrà se potrà. (io, io e lui, i nonni)

   _____

B. Cosa succederà nel futuro? An optimist is predicting what will happen 50 years from now (**tra cinquant'anni**). Complete each statement in the future tense.

Esempio   (essere) Tutti _____ ricchi. *Tutti **saranno** ricchi.*

1. (vivere) Tutti i paesi _____ in pace.

2. (sostituire [to replace]) L'energia solare _____ l'energia nucleare.

3. (avere) L'Italia _____ un governo stabile.

4. (occupare) Una presidentessa _____ la Casa Bianca.

5. (continuare) Le vacanze _____ tutto l'anno.

6. (pagare) Noi non _____ più tasse.

C. Rispondiamo al negativo. Answer each question in the negative, using either the **futuro** or the **passato prossimo,** according to the expression of time in parentheses, and substituting pronouns wherever appropriate.

Esempi   Vedi quel film stasera? (sabato prossimo) *No, lo vedrò sabato prossimo.*
              Vedi quel film stasera? (sabato scorso) *No, l'ho visto sabato scorso.*

1. Parti per l'Adriatico oggi? (fra due settimane) _____

2. Fai una gita al Lago Maggiore? (tre giorni fa) _____

3. Vai all'università stamattina? (domani mattina) _____

4. Puoi scrivere la risposta a questa lettera? (fra qualche giorno) _____

5. Mangi ora? (fra un'ora) _____

6. Mi presti la macchina? (anche ieri) _____

D. Cosa farai? A friend is asking Paola whether she is doing the following things, and Paola answers that she will do them when or if other things take place. Answer with a complete sentence, using the cues and following the example.

Esempio   Compri gli scarponi? (se / andare in montagna)
              Li comprerò se andrò in montagna.

1. Non accendi (light) il fuoco? (quando / gli altri ritornare)

   _____

2. Non prendi il sole? (se / fare più caldo) _____

3. Non ti prepari a partire? (non appena / avere i biglietti)

   _____

4. Non ti abbronzi in giardino? (quando / essere alla spiaggia)

   _____

5. Non metti la merenda (snack) nello zaino? (non appena / essere pronta)

   _____

6. Parti con tua sorella? (se / lei stare meglio [better])

   _____

7. Porti anche il tuo fratellino? (se / lui volere venire)

   _____

E. Pratichiamo il futuro di probabilità. You're wondering about some friends who have gone abroad on vacation. Turn each statement into a question, expressing your conjectures.

Esempio   Oggi sono a Roma.   *In che città saranno oggi?*

1. Fa caldo in Italia. _____

2. Non si annoiano; si divertono. _____

3. Trovano il paese molto bello. _____

4. Visitano i Musei Vaticani. _____

5. Vanno anche in Sicilia. _____

6. Si ricordano dei loro amici. _____

7. Scrivono cartoline. _____

8. Trovano il cambio del dollaro poco favorevole. _____

F. Cosa faranno l'estate prossima? Write at least two sentences about the activities of the following people next summer. Use the **futuro** and make up their names.

Esempio

Luigi e Franco andranno in montagna. Faranno il campeggio e dormiranno sotto una tenda. Forse pioverà.

1.

2.

3.

4.

5.

6.

1. _____

_____

2. _____

_____

3. _____

4. _____

_____

5. _____

_____

6. _____

_____

11.2 I pronomi tonici

Quando i pronomi sono importanti, diventano tonici. Answer each question, using the appropriate disjunctive pronoun.

Esempio Esci con Mariella? *Sì, esco con lei.*

1. Abiti vicino a Luciano? _____

2. Questa lettera è per noi? _____

3. Vai da Pietro e Carlo questa sera? _____

4. Abiti vicino ai tuoi genitori? _____

5. Vieni con me questa sera? _____

6. Il regalo è per me? _____

11.3 *Piacere*

A. Impariamo il verbo *piacere*. Form a sentence using the cues, according to the example.

Esempi (Mario / viaggiare) *A Mario piace viaggiare.*
(i bambini / i dolci) *Ai bambini piacciono i dolci.*

1. (Arturo / la montagna) _____

2. (mio padre / i soldi) _____

3. (il mio amico / la letteratura) _____

4. (il mio professore / Firenze) _____

5. (il mio gatto / i pesci) _____

6. (gli studenti / le vacanze) _____

B. Vi sono piaciuti i regali di nozze? Tommaso and Filomena got married. Giuseppe asks them if they liked the presents they received.

Esempio (la televisione) *Vi è piaciuta la televisione?*

1. (i piatti) _____

2. (le lampade) _____

3. (la scrivania) _____

4. (il vaso cinese) _____

5. (le tazze) _____

6. (il libro di cucina) _____

11.4 Il *si* impersonale

A. Usiamo il *si* impersonale. Answer the following questions by using the impersonal **si.**

1. Che si fa in piscina? _____

2. In che ristorante della vostra città si mangia bene e si spende poco?

   _____

3. Quali lingue si parlano in Svizzera? _____

4. Che si va a fare in una palestra? _____

5. Perché si va a uno stadio? _____

B. Dal *noi* al *si* impersonale. Your friend is telling you what he and his friends do when they are on vacation. Substitute the impersonal **si** for the **noi** form.

Esempio   Leggiamo ogni sera. *Si legge ogni sera.*

1. Giochiamo al calcio. _____

2. Ascoltiamo la radio. _____

3. Facciamo passeggiate. _____

4. Andiamo in bicicletta. _____

5. Spendiamo poco. _____

6. Non studiamo. _____

Come si dice in italiano?

1. It is August and Franca and Raffaella are beginning their vacation (**vacanze** *f. pl.*) today.

   _____

2. Since they don't like to travel by train, they are traveling by car and will arrive tomorrow in the beautiful Dolomites (**Dolomiti** *f. pl.*).

   _____

3. They will camp there for a week. _____

4. We will stop near a lake, so we will have water to (**per**) wash and cook.

   _____

5. I like your idea! And we will be able to swim every day!

   _____

6. Since it is my first camping experience (**esperienza**), you will pitch the tent and I will help you.

   _____

7. Then we will take the backpack and go for a short hike (**escursione** *f.*).

   _____

8. How is the weather in the mountains? _____

9. It is probably beautiful. The weather forecast (**le previsioni del tempo**) stated that (**dire che**) it will be nice weather until next Friday.

   _____

10. Franca and Raffaella arrived and camped, but unfortunately it rained all week.

    _____

🌿 Esercizi orali

Studio di parole   In vacanza

🔊 CD 4, TRACK 18

Le vacanze di Filippo e Gabriella. Gabriella and Filippo are trying to decide where to go this summer. Listen as Gabriella reads aloud to Filippo from brochures about four possibilities. You will hear the information she shares twice. For each trip, provide the basic information specified below. To help you, some information has been filled in.

	Destinazione	Mezzo di trasporto	Località o città da visitare
Primo viaggio	*Mediterraneo*	_____	_____
Secondo viaggio	_____	*treno*	_____
Terzo viaggio	_____	_____	*night club e bellissime spiagge*
Quarto viaggio	_____	_____	_____

La tua preferenza: Quale di questi viaggi preferisci? Spiega le ragioni della tua scelta con tre o quattro frasi.

_____

_____

_____

Punti grammaticali

11.1 Il futuro

🔊 CD 4, TRACK 19

A. Le attività degli studenti di Parma questo weekend. Listen as Marina describes what her friends at the University of Parma plan to do this weekend and match each activity on the right column with the correct person on the left. You will hear each statement twice.

_____ **1.** Andrea

_____ **2.** Marco

_____ **3.** Enrico

_____ **4.** Valeria

_____ **5.** Carlo

_____ **6.** Gabriella

a. finirà i compiti d'italiano.

b. mangerà in un buon ristorante.

c. partirà in treno per Parigi.

d. passerà il weekend al mare.

e. visiterà la torre di Pisa.

f. passerà il weekend in montagna.

🔊 CD 4, TRACK 20

B. Tutti passeremo le vacanze al mare. Listen to the model sentence. Then form a new sentence by substituting the subject given. Repeat each response after the speaker.

Esempio   Io passerò le vacanze al mare. (tu)
Tu passerai le vacanze al mare.

1. _____
2. _____
3. _____
4. _____

🔊 CD 4, TRACK 21

C. Noi tutti ci divertiremo! Listen to the model sentence. Then form a new sentence by substituting the subject given and making all necessary changes. Repeat each new response after the speaker.

Esempio   Luisa si divertirà quest'estate. (io)
Io mi divertirò quest'estate.

1. _____
2. _____
3. _____
4. _____

11.2 I pronomi tonici

🔊 CD 4, TRACK 22

A. A chi tocca? *(Whose turn is it?)* Maria's parents will be away on vacation for one week. Listen as Maria and her mother decide who will do which chore during their absence. Indicate after each exchange which **pronome tonico** Maria uses in her responses. You will hear each exchange twice.

Esempio   You hear: —Lunedì tocca a Marco lavare la macchina.
                          —Sì, tocca a lui.
You underline: a me / <u>a lui</u> / a lei / a noi / a voi / a loro

1. a me / a lui / a lei / a noi / a voi / a loro

2. a me / a lui / a lei / a noi / a voi / a loro

3. a me / a lui / a lei / a noi / a voi / a loro

4. a me / a lui / a lei / a noi / a voi / a loro

5. a me / a lui / a lei / a noi / a voi / a loro

6. a me / a lui / a lei / a noi / a voi / a loro

CD 4, TRACK 23

B. Per chi sono i regali? You've bought many presents, and Linda wants to know for whom they're intended. Answer using the disjunctive pronoun. Then repeat the response after the speaker.

Esempio   La borsa è per tua madre?
            Sì, è per lei.

1. _____

2. _____

3. _____

4. _____

5. _____

11.3 *Piacere*

CD 4, TRACK 24

A. La festa di Alessio. Alessio is organizing a trip to Ibiza, a Spanish island, and he is asking his friends about their preferences in travel and food. While you listen to the six exchanges, match each friend with his/her preference from the choices. Each exchange will be repeated twice.

Esempio   You hear: —Carla, a te piace viaggiare in macchina?
                    —No, a me piace viaggiare in treno.
           You read: _____ Carla

           a. in aereo   **b.** in treno   **c.** a piedi   **d.** in macchina

           You write: __**b**__ Carla

1. _____ Franco

    a. in aereo   **c.** a piedi
    b. in treno   **d.** in macchina

2. _____ Liliana

    a. i piatti cinesi   **c.** i burrito
    b. la pizza   **d.** la bistecca

3. _____ Filippo

    a. il lago   **c.** il mare
    b. la montagna   **d.** le isole

4. _____ Antonio

    a. i piatti messicani   **c.** i burrito
    b. i piatti cinesi   **d.** la pizza

5. _____ Lucia

    a. il lago   **c.** il mare
    b. la montagna   **d.** le isole

6. _____ Alessio

    a. andare in vacanza con la famiglia   **c.** andare in vacanza con gli amici
    b. andare in vacanza da solo   **d.** andare in vacanza con la sua ragazza

CD 4, TRACK 25

B. Conosciamoci! Your new friend Giovanni wants to know you better. Answer in the affirmative or in the negative according to the cue. Then repeat the response after the speaker.

Esempio Ti piace nuotare? (sì)
Sì, mi piace.

1. _____
2. _____
3. _____
4. _____

CD 4, TRACK 26

C. Cosa piace al tuo migliore amico? Lisa is going to buy a present for her boyfriend, who happens to be your best friend. She needs to know what he likes. Answer in the affirmative or in the negative, according to the cue. Then repeat the response after the speaker.

Esempi (un libro / sì) *Sì, gli piace.*
(dei cioccolatini / no) *No, non gli piacciono.*

1. _____
2. _____
3. _____
4. _____
5. _____

11.4 Il *si* impersonale

CD 4, TRACK 27

A. A casa della nonna Clara. Franco has invited his friend Marco to come with him to visit his grandparents at their house in the country for the weekend. Listen as he tells Marco what they can do during their visit, and fill in the missing impersonal form of the verb in each of his comments.

Esempio You see: La mattina _____ con il nonno in campagna.
You hear: La mattina si lavora con il nonno in campagna.
You write: *si lavora*

1. La mattina _____ fino a tardi e poi _____ colazione con latte e pane fresco.

2. A mezzogiorno _____ tutti insieme a tavola con il nonno e la nonna.

3. Nel pomeriggio _____ gli zaini e _____ a fare una passeggiata sulle colline.

4. La sera _____ presto per cenare con i nonni, la nonna prepara sempre la mia torta preferita.

5. Dopo cena _____ a piedi e _____ i ragazzi e le ragazze del paese che giocano a basket o a calcio.

6. A casa della mia nonna _____ proprio bene.

🔊 **CD 4, TRACK 28**

B. Marco risponde con il *si* impersonale. Dino is asking his friend Marco about doing different activities together. Marco agrees to everything. Recreate Marco's answers using the impersonal **si.** Then repeat the response after the speaker.

Esempio   Andiamo alla riunione stasera?
Sì, si va alla riunione.

1. _____

2. _____

3. _____

4. _____

Dettato   🔊 **CD 4, TRACK 29**

A. Dettato: La lettera dei nonni di Antonio. Antonio has received his grandparents' response to his letter, reproduced in your textbook, and he's reading it to his friend Marcello who will accompany him on the trip. The letter will be read the first time at normal speed, a second time more slowly so that you can supply the appropriate forms of the missing verbs in the **futuro,** and a third time so that you can check your work. Feel free to repeat the process several times if necessary.

Caro Antonio, _____ molto felici di averti qui con noi presto. Quando

_____, prima di Ferragosto, la nonna _____ la lasagna,

il tuo piatto preferito. _____ tutti insieme anche con i tuoi cugini così

_____ quanto è cresciuta la piccola Liliana. Non vediamo l'ora di conoscere il

tuo amico Marcello. Digli che _____ restare a dormire da noi anche

lui, non è un disturbo! Non importa se non _____ rimanere a lungo,

_____ tempo per parlarci e ci _____ tutto della tua

nuova scuola. _____ con la macchina di Marcello, _____

stare attenti al traffico. Siamo sicuri che _____ moltissimo e a noi

_____ vedervi e avervi come ospiti. Siamo sicuri che _____

un buon viaggio. Salutaci tanto la tua mamma e il tuo papà.

Un caro saluto affettuoso, il nonno e la nonna.

🔊 CD 4, TRACK 30

B. Una vacanza indimenticabile *(unforgettable)*. Listen as Carla tells her friend Vittoria about her recent vacation with her boyfriend Michele. Then answer the following questions. The conversation will be repeated twice.

1. Vittoria non vede Carla da...

    a. un weekend.
    b. tanto tempo.
    c. un mese.
    d. una vita.

2. Carla deve raccontare a Vittoria di...

    a. una gita in montagna.
    b. un viaggio all'estero.
    c. un weekend con Michele.
    d. una vacanza al mare.

3. Carla e Michele sono partiti che faceva tempo...

    a. bello.
    b. nuvoloso.
    c. bruttissimo.
    d. mite.

4. Quando Michele e Carla sono arrivati al campeggio di Santa Margherita...

    a. faceva bel tempo.
    b. pioveva.
    c. tirava vento.
    d. faceva freddo.

5. Dopo aver messo la tenda sono andati...

    a. al ristorante.
    b. in discoteca.
    c. alla spiaggia.
    d. a fare la spesa.

6. Quando Michele e Carla sono ritornati al campeggio...

    a. era tardi.
    b. la tenda non era più al suo posto.
    c. erano arrivati degli amici.
    d. sono andati a dormire.

7. Michele e Carla hanno risolto *(solve)* il problema...

    a. chiamando la polizia.
    b. tornando a casa.
    c. attaccando la tenda alla macchina.
    d. andando in albergo.

8. Poi Carla e Michele hanno deciso di...

    a. dormire.
    b. andare al ristorante.
    c. sposarsi l'anno prossimo.
    d. ridere *(laugh)*.

Vedute d'Italia   Fare il ponte

A. Prima di leggere. You are about to read information about an Italian custom called **fare il ponte**. This custom, which means literally "building a bridge," enables people to make the most of the vacation days to which they are entitled. **"Fare il ponte"** is a longstanding cultural reality in Italy. Before you begin to read, think about how people plan vacations around holidays where you live—and how they try to use their vacation days to the fullest extent possible.

«Fare il ponte» è una realtà nella vita di tutti gli Italiani. «Fare il ponte» significa trasformare un giorno di lavoro, che si trova tra due giorni di festa, in un giorno di vacanza. Per esempio, se il 25 aprile, Festa della Liberazione, cade di giovedì, gli Italiani prendono il venerdì come giorno di vacanza, così hanno un weekend di quattro giorni. Molti alberghi, pensioni e agriturismi offrono dei prezzi speciali per questi weekend lunghi che chiamano «vacanza ponte». L'usanza di «fare il ponte» esiste nelle aziende, negli uffici pubblici e negli istituti scolastici. Ci sono già nel calendario italiano alcune feste create per convenienza. Per esempio, la festa di Santo Stefano dopo il giorno di Natale, o la Festa del Lunedì dell'Angelo, o Pasquetta, dopo la domenica di Pasqua. Questo uso porta benefici alle famiglie che possono passare del tempo insieme: possono fare il campeggio o una gita al mare o in montagna. Con «il ponte» ogni attività si blocca nelle aziende, causando dei ritardi nella produzione. Inoltre, si possono verificare notevoli disagi (*difficulties*) nei trasporti pubblici e negli ospedali, ma nessuno si lamenta e tutti sono contenti di questa usanza. «Fare il ponte» è un'usanza destinata a rimanere nella vita degli Italiani.

B. Alla lettura. Read the paragraph about **"Fare il ponte"** one more time and then answer the following questions.

1. Che cosa significa «fare il ponte»?

   _____

2. Cosa offrono molti alberghi, pensioni o agriturismi?

   _____

3. Quali sono due esempi di feste create per convenienza?

   _____

4. Quali sono i benefici che derivano dal «fare il ponte»?

   _____

5. Quali problemi può creare «il ponte» per le aziende e per le industrie?

   _____

6. Perché gli Italiani non vogliono rinunciare (*give up*) all'usanza di «fare il ponte»?

   _____

Capitolo 12 La casa

Esercizi scritti

Studio di parole La casa e i mobili

A. In che stanza? Indicate in writing where the following pieces of furniture and appliances should be in an apartment in Italy.

Esempio un letto *Lo metto in camera.*

1. un lampadario _____

2. sei sedie _____

3. un televisore _____

4. uno specchio _____

5. un forno _____

6. un tappeto _____

7. un armadio _____

8. due poltrone _____

B. Giochiamo insieme! Solve the following crossword puzzle using the vocabulary of this chapter.

Le parole incrociate (*Crossword*)

Orizzontali

1. Quello orientale è molto elegante.

2. Lo paghiamo al padrone di casa.

3. Può essere singolo o matrimoniale.

4. La portiamo tutta con noi nel nostro nuovo appartamento.

5. Sono indispensabili per arredare la casa.

Verticali

1. Lo facciamo quando cambiamo casa.

3. Articolo femminile singolare.

Punti grammaticali

12.1 Ne

A. Conosciamo Claudio. Lisa wants to know many things about Claudio. Answer each of her questions using **ne** and the cue in parentheses.

Esempio   Ha degli amici? (molti)   *Sì, ne ha molti.*

1. Ha una macchina? (una) _____

2. Ha dei parenti in Italia? (alcuni) _____

3. Ha dei cugini a Firenze? (due) _____

4. Ha degli esami oggi? (tre) _____

5. Ha dei soldi? (molti) _____

6. Ha dei problemi? (molti) _____

B. Una discussione di politica. Your friend wants to know what you discussed at a political gathering. Answer each question in either the affirmative or the negative using **ne.**

Esempio   Avete parlato dei nostri problemi? (sì) / (no)
              Sì, ne abbiamo parlato. o *No, non ne abbiamo parlato.*

1. Avete parlato dei candidati? (sì)

   _____

2. Avete parlato dei giornalisti? (no)

   _____

3. Avete parlato della situazione economica? (sì)

   _____

4. Avete parlato della campagna elettorale? (no)

   _____

C. Cosa hai fatto mentre eri malato(a) *(ill)*? You sprained your ankle and have had to stay in bed for a few days. Your friend Luciano wants to know how you have been spending your time.

Esempio   Quanti libri hai letto? (due)   *Ne ho letti due.*

1. Quante pizze hai mangiato? (quattro)

   _____

2. Quanti amici hai visto? (dieci)

   _____

3. Quante lettere hai scritto? (molte)

   _____

4. Quanti capitoli hai studiato? (uno)

   _____

5. Quanti progetti hai fatto? (tanti)

   _____

D. Che cosa deve comprare Anna? Anna is going grocery shopping and wants to know how much or how many of the following food items she should buy. Answer using **ne** and the cue in parentheses.

Esempio   Quante bistecche devo comprare? (quattro) *Devi comprarne quattro.*

1. Quanta frutta devo comprare? (un chilo) _____

2. Quanto vino devo comprare? (due bottiglie) _____

3. Quante mele devo comprare? (otto) _____

4. Quanto zucchero devo comprare? (mezzo chilo) _____

E. Quando ne abbiamo bisogno? Answer the questions using **ne.** Follow the example.

Esempio

la pentola a pressione

Quando hai bisogno della pentola a pressione?
Ne ho bisogno quando cucino il minestrone.

lo scolapasta

la pentola

il cavatappi

la macchinetta per il caffè

il frullatore

le spatole

la padella

il tostapane

1. Quando hai bisogno dello scolapasta? _____

2. Quando hai bisogno del cavatappi? _____

3. Quando hai bisogno della pentola? _____

4. Quando hai bisogno del tostapane? _____

5. Quando hai bisogno della padella? _____

6. Quando hai bisogno del frullatore? _____

7. Quando hai bisogno delle spatole? _____

8. Quando hai bisogno della macchinetta per il caffè?

_____

12.2 *Ci*

A. Impariamo ad usare *ci*. Answer each question using **ci** and the cue in parentheses.

Esempio Quando sei andato(a) a San Francisco? (ieri)
Ci sono andato(a) ieri.

1. Quando siete stati a Firenze? (un anno fa)

   _____

2. Quando è andato a New York Franco? (a settembre)

   _____

3. Quando sei andato(a) dal dentista? (tre mesi fa)

   _____

4. Quando siete arrivati a Boston? (giovedì)

   _____

B. Risponde il padrone di casa. You're inquiring about a furnished apartment for rent and want to know if the following things are in the apartment. Recreate the landlord's answers in the affirmative or negative according to the cue.

Esempio Ci sono delle sedie? (sì, quattro) / (no)
Sì, ce ne sono quattro. o No, non ce ne sono.

1. Ci sono dei tavoli? (no)

   _____

2. Ci sono delle poltrone? (sì, due)

   _____

3. Ci sono dei divani? (sì, uno)

   _____

4. Ci sono degli armadi? (no)

   _____

5. Ci sono dei letti? (sì, tre)

   _____

12.3 I pronomi doppi

A. Quando eri piccolo(a). When you were a child, did your mother or father do the following things for you? Answer using a double-object pronoun.

Esempio   Ti comprava i giocattoli?   *Sì, me li comprava.*

1. Ti raccontava le favole? _____

2. Ti leggeva i libri? _____

3. Ti portava a casa i cioccolatini? _____

4. Ti faceva i compiti qualche volta? _____

5. Ti spiegava la lezione quando era difficile? _____

B. Come risponde il signor Bianchi, il padrone di casa? Mr. Bianchi is renting his house. The tenant wants other features added to the rental and Mr. Bianchi agrees to almost everything.

Esempio   Signor Bianchi, mi affitta la casa?   *Sì, gliela affitto.*

1. Mi vende i mobili? (sì) _____

2. Mi lascia il telefono? (sì) _____

3. Mi regala la vecchia lavastoviglie? (sì) _____

4. Mi firma il contratto? (sì) _____

5. Mi presta la macchina? (no) _____

C. Aiuti tuo padre ad affittare la casa al mare? Someone is going to rent your father's beach house, and your father wants to know if you've done the following things for the new tenant.

Esempio   Gli hai mostrato la casa?
          Sì, gliel'ho mostrata.

1. Gli hai dato il mio numero di telefono?

   _____

2. Gli hai mostrato i mobili?

   _____

3. Gli hai dato la chiave?

   _____

4. Gli hai presentato i vicini?

   _____

5. Gli hai lasciato il contratto?

   _____

D. Vai a trovare Arturo in montagna. You're going to visit Arturo at his mountain cabin. He forgot a few things and asks you to bring them.

Esempio   Puoi portarmi i miei sci? (sì)   *Sì, posso portarteli.*

1. Puoi portarmi il mio maglione di lana? (sì)

_____

2. Puoi portarmi il mio gatto? (no)

_____

3. Puoi portarmi i miei scarponi *(hiking boots)*? (sì)

_____

4. Puoi portarmi il mio sacco a pelo *(sleeping bag)*? (no)

_____

5. Puoi portarmi le candele? (sì)

_____

E. Cosa ti metti? What do you wear on cold, rainy days?

Esempio   Ti metti il cappotto?   *Sì, me lo metto.*

1. Ti metti gli stivali? _____

2. Ti metti la giacca? _____

3. Ti metti l'impermeabile? _____

12.4 I numeri ordinali

A. Pratichiamo i numeri ordinali. Write complete sentences, using the ordinal numbers in parentheses.

Esempio   (4ª pagina / libro)   *È la quarta pagina del libro.*

1. (1ª parte [f.] / romanzo [novel]) _____

2. (3ª riga / pagina) _____

3. (5º ragazzo / fila [row]) _____

4. (9ª domanda / esercizio) _____

5. (10º giorno / mese) _____

6. (15º anno / nostra collaborazione) _____

7. (20º anniversario / loro matrimonio) _____

8. (100ª parte / dollaro) _____

9. (2ª settimana / gennaio) _____

10. (7º piano [floor] / edificio) _____

B. Ordiniamo gli eventi. Here's a list of things you're going to do today. Indicate their order of priority by placing an ordinal number in front of each activity.

Esempio   *primo*: alzarmi

_____: telefonare agli amici   _____: bere un succo di frutta

_____: andare alla banca   _____: fare colazione

_____: andare all'università   _____: lavarmi

_____: studiare italiano   _____: leggere il giornale

_____: vestirmi   _____: guardare la televisione

Come si dice in italiano?

1. Giulia has been living in San Francisco for a month with her friend Kathy, and now she wants to rent an apartment.

   _____

2. Today Kathy is helping her find one; she reads her the newspaper ads.

   _____

3. I found one that I like: "Studio, Golden Gate Park, available immediately. $950."

   _____

4. How big is a studio? How many rooms are there?

   _____

5. There is only one, with a bathroom.

   _____

6. Now here they are near Golden Gate Park to see the studio.

   _____

7. The manager (**l'amministratore,** *m.*) shows it to them.

   _____

8. Giulia is enthusiastic about (**di**) the studio and asks Kathy what (**cosa**) she thinks of it.

   _____

9. I like it a lot, because there are big windows with a view (**veduta**) of the park.

   _____

10. Next Saturday Giulia will be able to move to (**nel**) her new apartment.

   _____

Attività video

I giovani Italiani. Dopo che avete guardato questa sezione del video, in gruppi di tre studenti, completate le seguenti attività.

A. Rispondete alle domande.

1. Secondo la prima persona intervistata, si preoccupano del loro futuro i giovani Italiani?
   _____

2. Fanno progetti per la loro vita o vivono alla giornata *(day by day)*? _____

3. Cosa significa «cosa c'è che non c'è nel portafoglio»? _____

4. Com'è, secondo gli intervistati, la situazione economica in Italia? Facile? Difficile? Ci sono
   problemi economici? La vita è agiata *(comfortable)*? _____

5. Qual è la cosa più ricercata dai giovani di oggi? _____

6. Dove vanno molti giovani che cercano un paese dove la vita è meno cara?
   _____

7. Perché il secondo intervistato è preoccupato per il suo futuro? Cosa succederà quando finirà il
   progetto sul quale *(on which)* sta lavorando adesso? _____

8. È giovane il secondo intervistato? Cosa potrebbe fare se fosse *(if he were)* più giovane?
   _____

9. L'ultima persona intervistata vorrebbe vivere in un'atmosfera differente. Come? Cosa non c'è più
   adesso (che c'era nelle generazioni precedenti)? _____

B. Scegliete tra le due frasi quella che corrisponde a quello che dicono gli intervistati.

1. **a.** I giovani sono ottimisti.   **b.** I giovani non vogliono pensare al loro futuro.

2. **a.** La situazione economica è agiata.   **b.** Il problema è che mancano i soldi.

3. **a.** I giovani vogliono andare a vivere dove tutto costa meno.
   b. I giovani non vogliono l'autosufficienza.

4. **a.** In Italia non c'è la sicurezza del posto di lavoro.   **b.** Alla fine di un lavoro è facile trovarne un altro.

5. **a.** La gente vorrebbe vivere in un'atmosfera tranquilla.
   b. I giovani hanno il senso della disciplina, come nel passato *(in the past)*.

6. **a.** Non ci sono più giovani per bene.   **b.** Molti giovani seguono una strada sbagliata.

Esercizi orali

Studio di parole   La casa e i mobili

🔊 **CD 4, TRACK 31**

Il nuovo appartamento di Marina. Your friend Marina has invited you over to see her new apartment. Listen to her description as she gives you a tour, filling in the information requested below. The first line has been completed for you. The description will be repeated twice.

1. Complete the following chart with the positive and negative aspects of each room.

	Elementi positivi	**Elementi negativi**
La cucina:	*bene attrezzata, il frigorifero e la lavastoviglie sono nuovi*	*piccola*
Sala da pranzo:		
Salotto:		
La camera di Marina:		
La camera degli ospiti:		
Primo bagno:		
Secondo bagno:		
Lo studio:		

2. Ora rispondi alla seguente domanda: Ti piacerebbe abitare in un appartamento come quello di Marina? Perché sì o perché no?

_____

_____

_____

_____

_____

Punti grammaticali

12.1 *Ne*

◁)) CD 4, TRACK 32

A. Quando si usa *ne*? Sergio is looking for a roommate and Lorenzo is looking for an apartment to share. Listen as they ask each other about their habits in order to determine whether they might room together. Indicate with a checkmark whether or not the pronoun **ne** is used in each of their exchanges. Each exchange will be repeated twice.

Esempio   You hear: — Compri il pane tutti i giorni?
                           — Sì, ne compro mezzo chilo.
           You write: ✓

_____ 1.

_____ 2.

_____ 3.

_____ 4.

_____ 5.

_____ 6.

◁)) CD 4, TRACK 33

B. Rispondiamo con *ne*. Your girlfriend wants to know if you need the following people or things in order to be happy. Answer in the affirmative or in the negative using **ne**. Then repeat the response after the speaker.

Esempio   Hai bisogno di un palazzo? (sì)
           Sì, ne ho bisogno.

1. _____

2. _____

3. _____

4. _____

◁)) CD 4, TRACK 34

C. C'è posto anche per Riccardo nel nostro appartamento? Riccardo is considering moving into the apartment you're already sharing with a friend. Answer his questions using **ne.** Then repeat the response after the speaker.

Esempio   Quante stanze avete? (quattro)
           Ne abbiamo quattro.

1. _____

2. _____

3. _____

4. _____

12.2 *Ci*

CD 4, TRACK 35

A. Conosciamoci. Sergio and Lorenzo have decided to share Sergio's apartment. Now they are asking each other questions about their routines and preferences. As you listen, place a checkmark beside the number of each exchange in which **ci** is used. Each exchange will be repeated twice.

Esempio   You hear: — Vai all'università in macchina?
                          — No, ci vado in autobus.
              You write: ✓

_____ 1.

_____ 2.

_____ 3.

_____ 4.

_____ 5.

_____ 6.

CD 4, TRACK 36

B. Pensi ai problemi nel mondo? You and a friend are talking about the world's problems. Answer each question, using **ci** and the cue. Then repeat the response after the speaker.

Esempio   Pensi all'inflazione? (spesso)
              Ci penso spesso.

1. _____

2. _____

3. _____

4. _____

CD 4, TRACK 37

C. Com'è l'appartamento? Marco is inquiring about an apartment. Answer his questions using **ci** and **ne** and the cue. Then repeat the response after the speaker.

Esempio   Quante stanze ci sono? (tre)
              Ce ne sono tre.

1. _____

2. _____

3. _____

4. _____

12.3 I pronomi doppi

CD 4, TRACK 38

A. La mamma è preoccupata. Lorenzo has moved in with his friend Sergio. His mother is worried and is asking a lot of questions about his habits, new apartment, and roommate. While you listen to their conversation, concentrate especially on Lorenzo's answers and indicate which double-object pronouns he uses. Each question and answer will be repeated twice.

Esempio   You hear: — Mostri l'appartamento a tua sorella?
                        — Sì, glielo mostro.
                You underline: te lo / me la / <u>glielo</u> / ce ne / ve lo / te la

1. te lo / me la / glielo / ce ne / ve lo / te la

2. te lo / me la / glielo / ce ne / ve lo / te la

3. te lo / me la / glielo / ce ne / ve lo / te la

4. te lo / me la / glielo / ce ne / ve lo / te la

5. te lo / me la / glielo / ce ne / ve lo / te la

6. te lo / me la / glielo / ce ne / ve lo / te la

CD 4, TRACK 39

B. Rispondiamo con i pronomi doppi. Franca is asking if you'll give her the following things. Answer in the affirmative, using double-object pronouns. Then repeat the response after the speaker.

Esempio   Mi dai il libro?
                Sì, te lo do.

1. _____

2. _____

3. _____

4. _____

CD 4, TRACK 40

C. Com'è l'appartamento delle cugine di Luisa e Marta? Luisa and Marta are visiting their cousins and are asking many questions. Answer their questions, using the appropriate double-object pronouns. Then repeat the response after the speaker.

Esempio   Ci mostrate l'appartamento?
                Sì, ve lo mostriamo.

1. _____

2. _____

3. _____

4. _____

CD 4, TRACK 41

D. Usiamo i pronomi doppi con l'infinito. Answer each question in the affirmative, using double-object pronouns. Then repeat the response after the speaker.

Esempio   Puoi darmi il libro d'italiano?
               Sì, posso dartelo.

1. _____

2. _____

3. _____

4. _____

12.4 I numeri ordinali

CD 4, TRACK 42

A. Impariamo a pronunciare i numeri ordinali. Repeat each phrase after the speaker.

_____   _____

_____   _____

_____   _____

_____   _____

_____   _____

CD 4, TRACK 43

B. Qual è il numero ordinale? Give the ordinal number that corresponds to the cardinal number. Then repeat the response after the speaker.

Esempio   You hear: undici
               You say: *undicesimo*

_____   _____

_____   _____

_____   _____

_____   _____

_____   _____

CD 4, TRACK 44

C. Quando usiamo i numeri ordinali? Repeat the following names and centuries after the speaker.

1. Papa Giovanni XXIII; Vittorio Emanuele III; Luigi XVI

2. Il secolo XIII; Il secolo XVIII; Il secolo XX

Dettato

🔊 CD 4, TRACK 45

A. Dettato: Un appartamento signorile in centro a Firenze. Listen to the voice mail left for you by your roommate Franco describing an elegant apartment in the center of Florence. It will be read the first time at normal speed, a second time more slowly so that you can supply the missing words, and a third time so that you can check your work. Feel free to repeat the process several times if necessary.

Nel centro storico di Firenze, offro _____ signorile molto grande con tre

_____ da letto e doppi servizi. _____ è molto grande, ben

attrezzata e bene illuminata da due grandi _____. L'appartamento è parzialmente

ammobiliato: ci sono _____ e _____ in salotto e anche una

scrivania. Nella cucina c'è _____ con _____ per otto persone.

Ci sono _____ in ogni _____. Se _____

vuole l'accesso all'Internet può _____ telefonando alla compagnia del telefono.

L'appartamento si trova al _____ piano di un grande _____ in

via Oliveto e _____ abita nell'appartamento vicino. Al _____ del

palazzo c'è la cassetta della posta e ci vuole una piccola chiave per aprir _____. Se

_____ desidera tenere un animale domestico deve _____

un deposito di 300 euro al momento del contratto. C'è _____ per salire al

_____ piano. Il _____ si trova dietro _____.

_____ è di 800 euro al mese. Per favore telefonare ore pasti al seguente numero e

chiedere di Paolo: 055-45679.

🔊 CD 4, TRACK 46

B. Come è cambiata la casa italiana? Cristina is looking for an apartment to share with her university friends Simona and Carla. Listen as Cristina and her grandmother discuss her search for an apartment, and indicate whether the following statements are true **(Vero)** or false **(Falso).** Their conversation will be repeated twice.

	Vero	Falso
1. La ricerca di un appartamento va molto bene.	_____	_____
2. Gli appartamenti sono brutti.	_____	_____
3. L'affitto è molto alto.	_____	_____
4. Cristina preferisce vivere con i genitori.	_____	_____
5. Cristina preferisce dormire di più.	_____	_____
6. L'appartamento ha tre camere da letto.	_____	_____
7. La sala da pranzo è piccola.	_____	_____
8. Possono usare la sala da pranzo come studio.	_____	_____
9. Il frigo è nuovo e c'è la lavastoviglie.	_____	_____
10. Non c'è l'ascensore.	_____	_____
11. C'è un posto per le bici.	_____	_____
12. Alla nonna sembra una cattiva soluzione.	_____	_____
13. Cristina decide di firmare il contratto.	_____	_____

Attività video

L'Italia e l'Unione Europea. Guardate questa sezione del video. Poi, in gruppi di tre studenti, completate le attività che seguono.

A. Rispondete alle domande.

1. Secondo il primo intervistato, da quando l'Italia ha adottato l'euro la situazione economica degli Italiani è migliorata o è peggiorata? _____

2. Quant'è l'ammontare, in media (*average*), di una pensione in euro? _____

3. Secondo una persona intervistata, come sono cambiate le cose con l'euro? _____

4. Cosa si poteva fare con la lira che oggi non si può fare con l'euro? _____

5. Chi, secondo un intervistato, è il responsabile della difficile situazione economica?

   _____

6. Cosa avrebbe dovuto fare il Governo? _____

7. Cosa hanno fatto i commercianti? Qual è stata la conseguenza? _____

8. Secondo l'ultima persona intervistata, l'Italia ha fatto bene o ha fatto male ad entrare nell'Unione Europea? Perché? _____

B. Guardate questa sezione del video una seconda volta, poi completate le frasi seguenti.

1. Oggi come oggi coll'euro, siamo _____.

2. Andare a cena in 4 o 5 persone, vuol dire _____.

3. Da quando l'Italia è entrata nell'euro, le cose sono _____ nel _____.

4. Prima con la lira si poteva fare un piccolo _____.

5. Oggi con l'euro, io do la colpa _____.

6. Il Governo non ha inviato gli ispettori a controllare i _____.

7. I commercianti hanno fatto un cambio _____: un euro, _____.

8. Sì, penso che l'Italia abbia fatto bene ad entrare _____.

9. Perché se si riesce ad essere uniti, si riesce a _____.

Vedute d'Italia   Storia della pizza

A. **Prima di leggere.** You are about to read a short history of the pizza. This is now a very popular dish, known all over the world, but it originated as a modest dish only made with bread and olive oil, also called **schiacciata**. To best follow this text, watch as you read for each of the specific changes that pizza has undergone and the reasons why each change happened.

Le origini della pizza sono molto antiche. Secondo *(According to)* alcuni storici, la pizza faceva già parte del menù della cucina etrusca *(Etruscan cuisine)*, anche se con forme *(shapes)* e ingredienti differenti da quelli di oggi. La pizza è nata come un piatto molto semplice, con ingredienti facili da trovare: la farina, l'olio, il sale e il lievito *(yeast)*.

La pizza simile a quella di oggi nasce verso il 1600, quando hanno aggiunto formaggio e basilico per dare più sapore *(taste)* alla schiacciata *(flat bread)* di pane. Ma è solo con la scoperta del pomodoro che arriva la pizza moderna. Il pomodoro era importato dal Perù, dopo la scoperta dell'America, ed era usato come salsa cotta. Poi qualcuno ha avuto l'idea di metterlo sulla pizza, creando così la pizza moderna. Nell'ottocento la pizza è arrivata in America, portata dagli emigrati italiani.

Nello stesso periodo un pizzaiolo di Napoli ha avuto l'idea geniale di unire la pizza con la mozzarella. Il pizzaiolo ha preparato la pizza con pomodoro e mozzarella in onore della regina Margherita, moglie di Umberto I, re d'Italia. La pizza con pomodoro, mozzarella e basilico, presentava i colori della bandiera italiana. La pizza è piaciuta *(liked)* moltissimo alla regina e il pizzaiolo ha dato alla pizza il nome della regina: la pizza Margherita è ora conosciuta in tutto il mondo.

B. **Alla lettura.** Read the passage a second time and answer the following questions.

1. Quali sono i primi ingredienti della pizza?

   _____

2. Quando nasce la pizza simile a quella di oggi?

   _____

3. Quando è arrivato il pomodoro e da dove?

   _____

4. Com'è arrivata la pizza a New York?

   _____

5. Chi ha preparato la prima pizza Margherita?

   _____

6. Perché l'ha chiamata «Margherita»?

   _____

7. Che cosa rappresentano i colori della pizza Margherita?

   _____

Capitolo 13   Il mondo del lavoro

Esercizi scritti

Studio di parole   Il mondo del lavoro

A. Cosa manca (is missing)? Read Antonio's story and fill in the missing words from the list below. One of the words will be used twice.

colloquio   lavoro   assumere   guadagnare   licenziarsi   stipendio   aumento   disoccupato

Antonio vuole trovare un nuovo _____. Vorrebbe prendere uno

_____ più alto perché ha bisogno di _____ più soldi

per comprarsi una macchina nuova. Il padrone non vuole dargli un _____,

così Antonio ha deciso di _____. Oggi ha un _____

in una nuova azienda che lo vuole _____ come impiegato. Uno dei requisiti

(requirements) è saper parlare l'inglese e Antonio è molto contento perché lui lo parla molto

bene. Questa nuova azienda pensa di _____ Antonio e lui non sarà

_____ per molto tempo.

B. Gioco di abbinamento. Match the jobs in column A with their definitions from column B.

A	B
1. _____ l'idraulico	a. Tiene in ordine i documenti contabili di aziende (firms).
2. _____ il medico	b. Aiuta le persone a capire il loro comportamento.
3. _____ il costruttore	c. Cura i malati.
4. _____ l'oculista	d. Assiste il medico.
5. _____ l'infermiere	e. Difende una persona in tribunale.
6. _____ l'architetto	f. Ripara i fili della luce (electrical wire).
7. _____ l'avvocato	g. Ripara i tubi dell'acqua.
8. _____ l'elettricista	h. Cura gli occhi delle persone.
9. _____ il commercialista	i. Prepara i progetti di case e palazzi.
10. _____ lo psicologo	j. Costruisce case e palazzi.

Punti grammaticali

13.1 Il condizionale presente

A. Impariamo le forme del condizionale. Complete each sentence in the conditional.

Esempio   (mangiare) Noi _____ un panino.   *Noi **mangeremmo** un panino.*

1. (uscire) Io _____, ma non posso.

2. (scrivere) Noi _____, ma non abbiamo l'indirizzo.

3. (piacere) Vi _____ lavorare in una banca?

4. (andare) Noi _____ al cinema, ma non ci sono film interessanti.

5. (stare) Tu _____ a casa volentieri, perché piove.

6. (fare) Io _____ l'ingegnere, ma non mi piace la matematica.

7. (vivere) I miei genitori _____ volentieri in campagna.

8. (venire) Tu _____ con me questa sera?

9. (essere) Io _____ contento di andare alle Hawaii.

10. (avere) Tu _____ il tempo di telefonarmi?

B. Cosa farebbero? Use the cue to state what the following people would do in each circumstance.

Esempio   Luigi e Pino hanno fame. (mangiare una pizza)   *Luigi e Pino mangerebbero una pizza.*

1. Teresa è in ritardo. (scusarsi)

   _____

2. Il mio padrone di casa aumenta *(increases)* l'affitto. (io, protestare)

   _____

3. Noi troviamo un portafoglio. (portarlo alla polizia)

   _____

4. Tu hai sonno. (andare a dormire)

   _____

5. Stefano è milionario. (fare il giro del mondo)

   _____

6. Noi diamo una festa. (invitare tutti gli amici)

   _____

7. Dobbiamo partire alle sei di mattina. (alzarci presto)

   _____

8. Luigi ha preso un brutto voto. (studiare di più)

   _____

13.2 Il condizionale passato

Che cosa avrebbero fatto i tuoi amici? You know your friends quite well. Indicate what each person would have done in the following circumstances.

Esempio   La macchina non funzionava. (Franco / comprare un macchina nuova)
Franco avrebbe comprato una macchina nuova.

1. La banca era ancora chiusa. (Teresa / aspettare)

   _____

2. Giovanni era ammalato. (i suoi compagni / chiamare il dottore)

   _____

3. I giornali annunciavano lo sciopero dei treni. (voi / non partire)

   _____

4. Lisa dava una festa. (le compagne / venire)

   _____

5. Mio padre arrivava da Roma. (io / andare alla stazione)

   _____

13.3 Uso di *dovere, potere* e *volere* nel condizionale

A. Cosa dovrebbero fare? What should these people do to solve their problems?

Esempio   Teresa ha preso «F» in italiano. (studiare di più)
Dovrebbe studiare di più.

1. Carlo e Gino sono sempre senza soldi. (spendere meno)

   _____

2. Io arrivo in classe in ritardo. (alzarsi presto)

   _____

3. Tu e io mangiamo troppo. (mangiare meno)

   _____

4. Le due amiche non si parlano. (parlarsi)

   _____

B. Cosa potrebbero fare? Given these situations, what could the following people do?

Esempio   Io ho una piscina. (nuotare)   *Potrei nuotare.*

1. A me piace la matematica. (iscriversi a ingegneria)

   _____

2. A Liliana interessa studiare legge. (fare l'avvocatessa)

   _____

3. Noi abbiamo esperienza con i computer. (specializzarsi in informatica)

   _____

4. Alcuni lavoratori sono molto bravi. (ricevere una promozione)

   _____

C. Cosa vorrebbero fare? If these people could have one wish granted, what would they want?

Esempio   il professore d'italiano (andare in pensione)
      Il professore d'italiano vorrebbe andare in pensione.

1. gli studenti (imparare senza studiare)

   _____

2. io (diventare milionario[a])

   _____

3. tu e io (fare un viaggio in Oriente)

   _____

4. tu (avere una villa in Riviera)

   _____

D. Che cosa avrebbero dovuto fare? Indicate what the following people should have done to avoid their mistakes.

Esempio   Carlo ha avuto un incidente. (guidare con prudenza)
      Avrebbe dovuto guidare con prudenza.

1. Ho perduto il portafoglio. (fare attenzione)

   _____

2. Io e Gianna abbiamo litigato. (essere più tolleranti)

   _____

3. I miei amici hanno perduto il treno. (arrivare prima alla stazione)

   _____

4. Sono arrivato a scuola in ritardo. (alzarsi prima)

   _____

E. Cosa avrebbero voluto fare? Complete the sentences with the past conditional of the verb given and the professions suggested in the drawings.

Esempio

Luigi (volere)
Luigi avrebbe voluto fare il postino.

1.   2.   3.   4.

5.   6.   7.   8.

1. Franco (preferire) _____.

2. Gino (piacere) _____.

3. I miei due fratelli (volere) _____.

4. Luisa (desiderare) _____.

5. Le mie sorelle (preferire) _____.

6. Osvaldo (piacere) _____.

7. Il mio amico (essere felice di) _____.

8. Mia madre (piacere) _____.

13.4 Esclamazioni comuni

Esclamazioni! What would you say in the following circumstances?

1. Tua cugina ti annuncia il suo fidanzamento.

   _____

2. Il tuo compagno è caduto dalla bicicletta e ha rovinato i pantaloni nuovi.

   _____

3. Un vicino di casa ti chiede se andrai in vacanza e tu non sei sicuro(a).

   _____

4. Un tuo parente ha comprato una Lamborghini.

   _____

5. I tuoi fratelli vanno alla festa di fine anno.

   _____

6. Vuoi convincere il tuo amico/la tua amica a venire al cinema con te.

   _____

7. Tutti sono a tavola pronti a mangiare.

   _____

8. Un pedone (pedestrian) attraversa la strada e non vede un autobus che arriva.

   _____

9. Festeggiate una promozione con lo champagne.

   _____

10. Tuo nonno è caduto ma non si è fatto male.

   _____

Come si dice in italiano?

1. Robert S. is a young lawyer who **(che)** lost (his) job.

   _____

2. Since he would like to find a new one, today he is in an employment agency for an interview.

   _____

3. Would you have a job for a person with my qualifications?

   _____

4. Well **(Beh!)**, the C & C Brothers are building a wall **(muro)** around their property **(proprietà)** and will be hiring several people.

   _____

5. I have preferred to work in an office: I know how to use a computer.

   _____

6. Well maybe you should come back next month; we might have another job.

   _____

7. I can't wait. I will take this job, though **(però)** I would have preferred a more **(più)** intellectual job.

   _____

8. Who knows? Today you start as (a) laborer, and tomorrow you might become the president of C & C.

   _____

Esercizi orali

Studio di parole Il mondo del lavoro

CD 5, TRACK 2

Che lavoro vogliono fare gli amici di Marco? Listen as Marco and three friends—Lucio, Sergio, and Valentina—discuss what they would like to do after graduation. Then indicate whether the following statements are true **(V)** or false **(F)**. You will hear the conversation twice.

	V	F
1. Lucio non ha parlato con il professor Berti.	_____	_____
2. Lucio si laurea in chimica.	_____	_____
3. Il professor Berti aiuterà Lucio a trovare lavoro.	_____	_____
4. Lucio potrebbe lavorare come chimico di laboratorio.	_____	_____
5. Lavorare per un'azienda farmaceutica non è il sogno di Lucio.	_____	_____
6. Marco ha deciso di seguire la carriera di suo padre.	_____	_____
7. Sergio consegue la laurea in ingegneria.	_____	_____
8. Sergio deve aiutare suo padre con l'azienda agricola.	_____	_____
9. Valentina consegue una laurea in arredamento d'interni.	_____	_____
10. Valentina non pensa di trovare lavoro facilmente.	_____	_____

Punti grammaticali

13.1 Il condizionale presente

CD 5, TRACK 3

A. I vantaggi e gli svantaggi di una professione. Laura is talking with a career counselor at her university about whether to pursue a degree in psychology **(psicologia)** or pediatric medicine **(pediatria).** As you listen to their conversation, underline in the columns below the advantages of the two professions mentioned by the counselor. The first relevant entry has already been underlined for you.

Pediatra	Psicologa
lavorerebbe con suo padre	la laurea sarebbe più breve
avrebbe già dei pazienti	non sarebbe sicura di trovare lavoro
finirebbe subito la laurea	farebbe il training in uno studio
riceverebbe un buono stipendio	non guadagnerebbe molti soldi

CD 5, TRACK 4

B. Dove andrebbero? Where would the following people go? Form new sentences using the cues. Then repeat the response after the speaker.

Esempio (Carlo / al mare) *Carlo andrebbe al mare.*

1. _____   3. _____

2. _____   4. _____

CD 5, TRACK 5

C. Daresti questi consigli a Tommaso? You like your friend Tommaso, but he is far from perfect. Would you tell him what his flaws are to improve your relationship? Form sentences using the cues and following the example. Then repeat the response after the speaker.

Esempio È curioso. (no) *Non glielo direi.*

1. _____   3. _____

2. _____   4. _____

13.2 Il condizionale passato

CD 5, TRACK 6

A. Che cosa avrebbe fatto Pierino? Pierino is second guessing what his friends have done. Listen as he says what he would have done in the following situations and write in the conditional the verbs that he uses. Each of his statements will be repeated twice.

Esempio You read: Io _____ l'ombrello!
You hear: Piove. Io avrei preso l'ombrello!
You write: *avrei preso*

1. Io ne _____ una nuova!

2. Io _____ a dormire!

3. Io _____ una festa!

4. Io _____!

5. Io _____ un aumento!

6. Io _____ dei fiori!

CD 5, TRACK 7

B. Cosa avresti comprato a Roma? Last summer you and your family were walking down a street in Rome when you saw that a boutique was having a sale. Say what you would have bought if you had the money. Then repeat the response after the speaker.

Esempio (io / una camicetta) *Io avrei comprato una camicetta.*

1. _____

2. _____

3. _____

4. _____

5. _____

CD 5, TRACK 8

C. Anche loro avrebbero fatto la stessa cosa. Listen to the model sentence. Create new sentences using the subject given. Then repeat the response after the speaker.

Esempio   Io non mi sarei divertito. (Anna)   *Anna non si sarebbe divertita.*

1. _____
2. _____
3. _____
4. _____
5. _____

13.3 Uso di *dovere, potere* e *volere* nel condizionale

CD 5, TRACK 9

A. I consigli della mamma di Emanuela. Listen to a series of exchanges between Emanuela and her mother. Indicate in each case which modal verb—**dovere, potere,** or **volere**—Emanuela's mother uses in response to her daughter's comment. Each exchange will be repeated twice.

Esempio   You hear: — Maria non prende dei buoni voti.
                        — Dovrebbe studiare di più.
           You underline: <u>dovrebbe</u> / potrebbe / vorrebbe

1. dovrebbero / potrebbero / vorrebbero   4. dovrebbero / potrebbero / vorrebbero

2. dovrebbe / potrebbe / vorrebbe   5. dovresti / potresti / vorresti

3. dovrebbe / potrebbe / vorrebbe   6. dovrebbe / potrebbe / vorrebbe

CD 5, TRACK 10

B. Siamo più gentili! Make each statement less forceful by changing the verb from the present to the conditional. Then repeat the response after the speaker.

1. **Esempio**   Io devo studiare di più.   *Io dovrei studiare di più.*

   _____   _____

2. **Esempio**   Puoi farmi un favore?   *Potresti farmi un favore?*

   _____   _____

3. **Esempio**   Voglio andare in vacanza.   *Vorrei andare in vacanza.*

   _____   _____

CD 5, TRACK 11

C. Cosa avremmo dovuto fare. Listen to the model sentence. Then form a new sentence by substituting the subject given. Repeat each response after the speaker.

Esempio   Avrei dovuto studiare di più. (Giulia)   *Giulia avrebbe dovuto studiare di più.*

1. _____
2. _____
3. _____
4. _____
5. _____

Dettato

🔊 CD 5, TRACK 12

A. Dettato: La professione di Luigi. Listen as Luigi tells his father about his new job as a lawyer in a legal firm in the center of Milan. You will hear his description the first time at normal speed, a second time more slowly so that you can supply the appropriate forms of the missing verbs in the conditional, and a third time so that you can check your work. Feel free to repeat the process several times if necessary.

Papà, _____ vedere il mio nuovo ufficio di avvocato. È in un palazzo elegante

nel centro di Milano. _____ portarti a vederlo, ti _____

molto. Non è molto grande e non c'è una finestra ma è tutto per me. _____

uno studio più grande e anche uno stipendio più alto ma il mio capo mi ha detto che

_____ ricevere presto un aumento se lavoro duramente. I miei colleghi di

lavoro sono molto gentili, _____ invitarli a cena un sabato sera. La mamma

_____ molto simpatici. Papà, poiché tu hai dei problemi legali con alcuni dipen-

denti, il mio collega Mario, che si specializza in diritto (*law*) aziendale, _____

darti dei consigli.

L'avvocato Marietti, uno dei soci (*partners*) della ditta, che ha già sessantacinque anni e presto

andrà in pensione, mi ha detto che _____ alcuni dei suoi clienti. Mi piace molto

questa professione anche se so che dovrò lavorare molte ore al giorno.

🔊 CD 5, TRACK 13

B. Un colloquio di lavoro. Listen to a part of Luigi Beni's job interview with Mr. Briganti, a senior member of a law firm in Milan. Then complete the following sentences. The interview will be repeated twice.

1. Luigi ha un colloquio di lavoro per la posizione di _____.

2. Vorrebbe lavorare a Milano perché _____.

3. Questa ditta tratta di diritto _____.

4. Luigi potrebbe imparare _____.

5. Luigi potrebbe offrire _____.

6. Luigi sa di non avere esperienza ma lavorerebbe _____.

7. A Luigi piacerebbe _____.

8. L'avvocato Briganti dice che Luigi dimostra di _____.

9. Luigi dovrà avere un colloquio con _____.

10. Luigi riceverà presto una telefonata per _____.

Vedute d'Italia   Le donne italiane più colte (*educated*) ma con meno lavoro

A. Prima di leggere. You are about to read information about the situation of Italian women in the workplace. A somewhat paradoxical picture emerges, which is suggested by the title: *Italian women are better educated than men but are less able to find jobs.* While you read, focus on the statistics provided by a national research center as well as a recent survey. Are you surprised by the results? On the basis of the figures, how would you describe the situation of Italy's working women?

Le donne italiane hanno fatto passi da gigante (*giant steps*) negli ultimi trent'anni. Molte donne ora hanno posizioni che anni fa erano esclusivamente maschili: giudici (*judges*), avvocati, direttori di scuola, dirigenti di aziende, medici e senatori. Anche se la situazione sembrerebbe migliorata, in realtà c'è ancora molta strada da fare, come risulta da una recente ricerca fatta dal Centro Nazionale delle Ricerche (CNR). Risulta che anche se le donne sono accademicamente più qualificate, quando cercano lavoro sono sorpassate (*outrun*) dagli uomini.

All'università le donne non abbandonano gli studi come gli uomini, solo il 10,3% contro il 15,5%. Più donne finiscono gli studi entro il periodo di tempo previsto: il 10,6% contro il 9% degli uomini. Le donne si laureano più frequentemente con il massimo dei voti: 26,9% contro il 17,7% degli uomini. Questo si verifica non solo nelle discipline umanistiche, ma anche in facoltà come quelle di agraria e ingegneria.

Secondo le ricerche del CNR i problemi nascono quando le donne cercano lavoro, specialmente nel campo scientifico, dove solo il 7% delle donne riesce ad ottenere una posizione importante.

Sono però interessanti i risultati di un sondaggio; alla domanda rivolta al pubblico: Per una posizione di poliziotto, sindaco (*mayor*), ministro, è meglio un uomo o una donna? La risposta sorprendente è stata: è meglio una donna.

B. Alla lettura. Read the paragraph one more time and then complete the following activity indicating if the statements are true (**V**) or false (**F**).

1. _____ V _____ F   Le donne hanno lavori oggi che non avevano trent'anni fa.

2. _____ V _____ F   Gli uomini hanno risultati più alti accademicamente.

3. _____ V _____ F   Più donne finiscono gli studi entro il periodo previsto.

4. _____ V _____ F   Più uomini si laureano con il massimo dei voti.

5. _____ V _____ F   Le donne ora si laureano anche in campo scientifico.

6. _____ V _____ F   Le donne sono assunte meno frequentemente degli uomini.

7. _____ V _____ F   Molte donne hanno posizioni importanti in aziende scientifiche.

8. _____ V _____ F   Gli Italiani preferiscono che siano le donne ad occupare cariche pubbliche.

Capitolo 14 Paesi e paesaggi

Esercizi scritti

Studio di parole Termini geografici

A. Geografia. To complete the following activity, look at the two maps of Italy at the beginning of your textbook.

1. La Sicilia è un'isola o una penisola?

   _____

2. Quale mare bagna Venezia?

   _____

3. Come si chiama il lago più grande d'Italia?

   _____

4. Che cos'è l'Etna? In quale regione si trova?

   _____

5. Con quali altre regioni confina l'Umbria?

   _____

6. Qual è il fiume più lungo d'Italia? Quale pianura attraversa?

   _____

B. Cosa manca (is missing)? Complete the following sentences with the missing nouns and verbs from the chapter's vocabulary.

1. La notte, nel cielo sereno, si vedono _____ e _____ .

2. L'Italia _____ con la Francia, la Svizzera, _____ e

   _____ .

3. L'Italia è circondata dal mare _____ .

4. Il contrario di settentrionale è _____; e il contrario di orientale è

   _____ .

5. Ischia e Capri sono due isole nel _____ di Napoli.

Punti grammaticali

14.1 I comparativi

A. Impariamo a fare paragoni. Compare the following people, places, and things, using **tanto… quanto, così… come, più… di,** or **meno… di** and the appropriate form of the adjective in parentheses.

1. il fiume Hudson / il fiume Mississippi (lungo)

   _____

2. i treni / le macchine (veloce)

   _____

3. il clima di Chicago / il clima di New York (attraente)

   _____

4. l'Italia / la Svizzera *(Switzerland)* (popolato)

   _____

5. le donne brune / le donne bionde (interessante)

   _____

6. un dottore / un professore (ricco)

   _____

7. i gatti / i cani (fedele *[faithful]*)

   _____

B. Creiamo una frase comparativa. Restate each sentence, using a comparative and the subject in parentheses.

Esempio   Il professore parla rapidamente. (io)
                Il professore parla più rapidamente di me.

1. I nonni camminano lentamente. (i nipoti)

   _____

2. Gli Americani votano spesso. (gli Italiani)

   _____

3. Le indossatrici *(models)* si vestono elegantemente. (le studentesse)

   _____

4. Dicono che gli Italiani guidano *(drive)* pericolosamente. (gli Americani)

   _____

C. Rispondiamo usando i comparativi. Answer each question, according to the example.

Esempio   È ottimista o pessimista Lei?
Sono più ottimista che pessimista. o *Sono più pessimista che ottimista.*

1. È bello(a) o simpatico(a)?

_____

2. È romantico(a) o pratico(a)?

_____

3. È ricco(a) di soldi o di sogni *(dreams)*?

_____

4. Le piacerebbe vivere in Italia o in Svizzera?

_____

5. Le piacerebbe visitare la Spagna o il Portogallo?

_____

14.2 I superlativi

A. Impariamo il superlativo relativo. Answer each question, using the cue and following the example.

Esempio   È un campanile molto alto? (città)   *È il campanile più alto della città.*

1. È una ragazza seria? (gruppo)

_____

2. È una macchina economica? (Stati Uniti)

_____

3. È un ristorante caro? (città)

_____

4. Sono dei bambini tranquilli? (scuola)

_____

5. È un lavoro faticoso? (giornata)

_____

6. È un giorno felice questo? (mia vita)

_____

7. Sono dei bei ricordi *(memories)*? (liceo)

_____

8. È lungo il fiume Po? (fiumi italiani)

_____

B. Impariamo il superlativo assoluto. Complete each sentence, according to the example.

Esempio È una scelta difficile; anzi *(indeed)*, _____.
È una scelta difficile; anzi, **difficilissima.**

1. Ho conosciuto un ragazzo simpatico; anzi, _____.

2. Mi piace il tè dolce; anzi, _____.

3. Lui fa un mestiere semplice; anzi, _____.

4. Lei si è alzata presto; anzi, _____.

5. Vengono a trovarci spesso; anzi, _____.

6. Mi hanno detto che è ricco; anzi, _____.

7. È una donna giovane; anzi, _____.

8. La nostra penisola è bella; anzi, _____.

9. Le eruzioni *(eruptions)* dell'Etna sono pericolose; anzi, _____.

14.3 Comparativi e superlativi irregolari

A. Usiamo gli aggettivi comparativi irregolari. Complete each sentence by using **migliore, peggiore, maggiore,** or **minore.**

1. È Natale, ma Dino Ricci è disoccupato; per lui è il _____ periodo dell'anno.

2. Marino ha ventitré anni e Marta ne ha diciotto: Marta è _____ di Marino di cinque anni.

3. Tutti considerano Dante il _____ scrittore italiano.

4. Liliana è una studentessa che ha ricevuto tutti «A», cioè i voti _____.

5. Ho tante preoccupazioni, ma questa non è certamente la più grave; è anzi la _____.

6. Sono il più giovane della famiglia; ho tre sorelle _____, tutte sposate.

7. Tutti conoscono la gelateria «Priori»: è la _____ della città.

8. Quali sono i posti _____ per fare il campeggio?

B. Usiamo gli avverbi comparativi irregolari. Complete each sentence with **meglio, peggio, di più,** or **di meno.**

1. Dopo alcune ore di riposo dovrei stare _____ e invece sto _____ di prima.

2. Lo vediamo tutti i giorni in piscina: è inutile domandargli quale sport gli piace _____.

3. Il pover'uomo vorrebbe lavorare _____, ma deve invece guadagnare _____, perché ha tre figli all'università.

4. Se studiate _____, sono sicuro che imparerete qualcosa.

5. Siete d'accordo con il proverbio che dice: «È _____ vivere un giorno da leone che cent'anni da pecora *(sheep)*»?

C. Impariamo i superlativi irregolari. Write a response to each statement, using the absolute superlative of the underlined adjective or adverb.

Esempio   Mi sembra una <u>buona</u> occasione.   *Hai ragione! È un'ottima occasione!*

1. Non vorrei vivere nella pianura Padana: il clima è <u>cattivo</u>.

   _____

2. Devo dire che Luisa è una <u>brava</u> ragazza.

   _____

3. Quel ragazzo mostra la più <u>grande</u> indifferenza per tutto.

   _____

4. Si mangia <u>bene</u> in questa trattoria!

   _____

5. Questi spaghetti sono veramente <u>buoni</u>.

   _____

6. Si guadagna <u>poco</u> con la professione dell'insegnamento.

   _____

14.4 Uso dell'articolo determinativo

Osservazioni. Complete each sentence using the definite article (with or without a preposition).

1. Ti piacciono _____ film con Jack Nicholson?

2. È vero che _____ salute e _____ buon senso sono le cose più importanti del mondo?

3. _____ violenza sembra essere uno dei temi preferiti _____ televisione americana.

4. Sei a favore _____ servizio militare per _____ donne?

5. Quand'è il tuo compleanno? —È _____ 26 aprile.

6. Jane è nata _____ 1945, _____ Kansas.

7. Andremo tutti a Roma _____ quindici di questo mese.

8. _____ primavera è la stagione più bella dell'anno.

9. I bambini si sono lavati _____ faccia.

10. Ti piacciono _____ bambini? —Sì, moltissimo.

11. La ragazza aveva _____ occhi blu e _____ capelli biondi.

12. Madrid è la capitale _____ Spagna.

13. Tim viene _____ Stati Uniti, e precisamente, _____ California.

14. In autunno visiteremo _____ Massachusetts e _____ Vermont.

15. _____ Giappone è un paese molto industriale.

Come si dice in italiano?

1. Gino Campana and Gennaro De Filippo are two mechanics who work at the Fiat plant **(fabbrica)** in Torino.

   _____

2. Gennaro often talks about his region, Campania, and his city, Napoli, to his friend Gino.

   _____

3. Napoli is the most beautiful city in the world, with its fantastic gulf, Capri, Ischia…

   _____

4. Yes, Gennarino, but you must admit **(ammettere)** that Torino is more industrial and richer than Napoli.

   _____

5. But the climate is not as good as that of Napoli. In winter it is much colder, and in summer it is more humid.

   _____

6. You are right. Life is more pleasant in Napoli than in Torino for very rich people.

   _____

7. If one wants to earn more money, it is better to live in Torino. There are better jobs and salaries are higher.

   _____

8. In fact, my younger brother, who is an engineer, has been working only three years and he earns more than I do.

   _____

9. I will work in Torino until **(fino a quando)** it is time to retire, and then I will return to my very beautiful city.

   _____

10. So, Gennarino, it is true what **(quello che)** they say: **Vedi Napoli, e poi muori.**

    _____

Attività video

A. Sì, mi piace molto! Guardate questa sezione del video, poi, in gruppi di tre studenti, completate le seguenti attività.

1. Cosa progettano di fare oggi Marco e il suo amico Giovanni? _____

2. Che cos'è una delle cose che Marco ama di più? _____

3. Le cose che piacciono al primo intervistato sono _____

4. Alla seconda persona intervistata piace andare al cinema; inoltre che cosa non vuole fare?
   _____

5. Una persona è molto altruista. Per quale ragione? _____

6. Una persona continua a cambiare le sue risposte. Perché? _____

7. Cosa piace fare all'ultima persona intervistata? _____

8. È ora di lasciare Roma. Dove andranno Marco e Giovanni? _____

B. Completate le frasi.

1. Marco dice che una delle cose che ama di più è _____.

2. Vediamo, dice Marco, _____.

3. Il primo intervistato vuole divertirsi, _____ e bere _____.

4. La seconda persona non vuole _____ troppi soldi e preferisce andare
   _____.

5. Una persona, molto generosa, dice che desidera aiutare _____.

6. A un intervistato piacciono le donne, no, _____, no,
   _____, no, la politica, _____, non lo so.

7. L'ultima persona intervistata non ha dubbi: sicuramente preferisce _____
   e conoscere _____.

8. Roma è bella, dice Marco, ma è tempo di _____.

Esercizi orali

Studio di parole   Termini geografici

🔊 **CD 5, TRACK 14**

Una lezione di geografia sull'Italia. You are going to study in Italy during the summer and plan to travel around the country while you are there. Your Italian teacher is giving you some basic facts about Italy's geography. Listen to the information she provides, which will be repeated twice, then complete the sentences below as appropriate.

1. L'Italia ha _____ regioni.

2. Ci sono _____ grandi isole: _____ e

    _____.

3. La Sicilia è l'isola _____ nel mare Mediterraneo.

4. L'Italia è una _____.

5. L'Italia confina a nord con _____, _____,

    _____ e _____.

6. L'Italia ha più _____ che pianure.

7. Le due catene di montagne sono: _____ e _____.

8. La montagna più alta d'Europa è _____.

9. La pianura più estesa è _____.

10. I due vulcani più famosi sono _____ e _____.

11. Il Vesuvio è famoso per l'eruzione del 79 d.C. che distrusse _____ e

    _____.

12. Il più grande lago d'Europa è _____.

Punti grammaticali

14.1 I comparativi

CD 5, TRACK 15

A. Una scelta difficile. Your friend Tommaso and his wife Giulia want to buy a vacation home and they are comparing two properties. One is in the mountains and one is on the beach. Listen to their statements, which are each repeated twice, and complete the following sentences using appropriate comparative forms.

1. La casetta in montagna è _____ tranquilla _____ un appartamento al mare.

2. Le vacanze al mare sono _____ divertenti e _____ noiose delle vacanze in montagna.

3. Un appartamento al mare è _____ grande _____ una casetta in montagna.

4. Il prezzo di questo appartamento è _____ conveniente _____ quello di una casa in montagna.

5. Useremmo un appartamento al mare _____ _____ una casa in montagna.

6. La casa in montagna ha _____ vantaggi _____ un appartamento al mare.

CD 5, TRACK 16

B. Creiamo nuove frasi comparative. Listen to the model sentence. Then form a new sentence by substituting the cues and making all necessary changes. Repeat each response after the speaker.

1. **Esempio**   Tu sei più elegante di me. (lui, generoso)
   Lui è più generoso di me.

   _____

   _____

   _____

2. **Esempio**   Papà ascolta meno pazientemente della mamma. (voi)
   Voi ascoltate meno pazientemente della mamma.

   _____

   _____

   _____

   _____

CD 5, TRACK 17

C. Paragoniamo usando il *che*. Form a sentence using the cue and following the example. Then repeat the response after the speaker.

Esempio Firenze, artistica / industriale *Firenze è più artistica che industriale.*

1. _____

2. _____

3. _____

4. _____

5. _____

6. _____

14.2 I superlativi

CD 5, TRACK 18

A. Quale superlativo? Listen as the students in an Italian class talk about various geographical curiosities in Italy. Indicate which **superlativo relativo** is used in each of their statements, which will be repeated twice.

Esempio Your hear: Il fiume Po è il più lungo d'Italia.
You underline: <u>il più</u> / la più / i più / le più

1. il più / la più / i più / le più   3. il più / la più / i più / le più   5. il più / la più / i più / le più

2. il più / la più / i più / le più   4. il più / la più / i più / le più   6. il più / la più / i più / le più

CD 5, TRACK 19

B. L'aggettivo. Listen to the model sentence. Then form a new sentence using the adjective or noun given, as indicated in the example. Make all necessary changes. Repeat the response after the speaker.

1. **Esempio** brava *Era la ragazza più brava della classe.*

_____

_____

_____

2. **Esempio** l'isola / bella *L'isola è bellissima.*

_____

_____

_____

_____

CD 5, TRACK 20

C. Formiamo domande con il superlativo relativo. Gina's parents are asking her questions about her girlfriends. Recreate each question, using the adjective given. Then repeat the response after the speaker.

Esempio   giovane
Chi è la più giovane del gruppo?

1. _____
2. _____
3. _____
4. _____
5. _____

14.3 Comparativi e superlativi irregolari

CD 5, TRACK 21

A. A cena a casa di Ivo. You are visiting your friend Ivo in Naples. As you listen to each of his statements, write down which form of the **comparativo** or **superlativo irregolare** you hear. Each statement will be repeated twice.

Esempio   You hear: Io sono il maggiore nella mia famiglia, ho un fratello più giovane.
You write: *il maggiore*

1. _____
2. _____
3. _____
4. _____
5. _____
6. _____

CD 5, TRACK 22

B. Domande sulle cose migliori della città. Imagine that you're new in town and are asking about the best places. Use the cue and follow the example to ask each question. Then repeat the question after the speaker.

Esempio   ristorante
Qual è il migliore ristorante della città?

1. _____
2. _____
3. _____
4. _____
5. _____

CD 5, TRACK 23

C. Le mie cose sono peggiori delle tue. Tiziana is depressed and is developing an inferiority complex, which becomes evident in her conversation with friends. Use the cues and follow the example to recreate each of her statements. Then repeat each statement after the speaker.

Esempio   macchina   *La mia macchina è peggiore della tua.*

1. _____
2. _____
3. _____
4. _____

14.4 Uso dell'articolo determinativo

CD 5, TRACK 24

A. Formiamo frasi usando gli articoli. Form a sentence using the cue and following the example. Then repeat the response after the speaker.

Esempio   (vita / difficile)   *La vita è difficile.*

1. _____   4. _____
2. _____   5. _____
3. _____   6. _____

CD 5, TRACK 25

B. Ancora gli articoli. Ask your friend about his or her preferences. Start each question with **preferisci** and complete it by using the cues. Then repeat the response after the speaker.

Esempio   (tè / caffè)   *Preferisci il tè o il caffè?*

1. _____   4. _____
2. _____   5. _____
3. _____   6. _____

CD 5, TRACK 26

C. Gli articoli e la geografia. Pierino is taking a geography test. Use the cue and follow the examples to recreate each answer. Then repeat the response after the speaker.

Esempio   (Francia / Europa occidentale)   *La Francia è nell'Europa occidentale.*

1. _____
2. _____
3. _____
4. _____
5. _____
6. _____
7. _____

Dettato

🔊 CD 5, TRACK 27

A. Dettato: La Sicilia. Listen as your friend Federico gives you information about the region where he is from, **la Sicilia.** You will hear his description the first time at normal speed, a second time more slowly so that you can supply the appropriate forms of the missing vocabulary, and a third time so that you can check your work. Feel free to repeat the process several times if necessary.

La Sicilia non è solo _____ nel mare Mediterraneo ma è anche

_____ estesa (wide) d'Italia, ed è bagnata (touched) da tanti

_____ : il Tirreno, lo Ionio e dal Canale di Sicilia.

È anche circondata da molte _____: le Eolie, Ustica, le Egadi, Marsala,

le Pelagie e Pantelleria. La Sicilia è una regione con più _____ che

_____ o _____. C'è anche il _____

che, con i suoi 3.263 metri è _____ attivo d'Europa. La regione è una delle

_____ produttrici di vini, olive, arance, cotone, tabacco, cereali e frutta. Esiste

anche un _____ allevamento di bovini (cattle breeding).

La Sicilia è luogo di _____ turismo per le _____

bellezze _____ ed archeologiche come i templi di Agrigento e la

_____ città di Taormina.

🔊 CD 5, TRACK 28

B. Due città a confronto. Carlo is from Bologna and his friend Elisabetta is from Florence. Elisabetta has been studying for an exam, but has digressed to discuss their hometowns. Listen to their conversation, which will be repeated twice, then indicate whether the statements below are true (**V**) or false (**F**).

1. _____ V _____ F   Firenze e Bologna sono due città molto diverse.

2. _____ V _____ F   Le storie delle due città sono simili.

3. _____ V _____ F   Parlano lo stesso dialetto.

4. _____ V _____ F   Ci vuole un'ora per arrivare a Bologna da Firenze.

5. _____ V _____ F   Sono divise dalle montagne.

6. _____ V _____ F   Lo sviluppo economico fu simile.

7. _____ V _____ F   Firenze è famosa per le banche.

8. _____ V _____ F   Bologna è famosa per l'università.

9. _____ V _____ F   L'Università di Bologna è la più antica d'Italia.

10. _____ V _____ F   Bologna è uno dei centri culturali più importanti d'Italia.

Attività video

Le vacanze. Dopo che avete guardato questa sezione del video, in gruppi di tre studenti, completate le attività che seguono.

A. Rispondete alle domande.

1. Che tempo fa oggi? Cosa dicono le previsioni del tempo? _____

2. Dove decide di andare Marco? _____

3. Com'è il tempo a Venezia? _____

4. Dove è andato in vacanza il primo intervistato? Dove ha preso il traghetto? Con che mezzo ha viaggiato? _____

5. Una persona intervistata viaggia in pullman. Con chi? Che città ha visitato?

   _____

6. Un intervistato è andato in vacanza in Sardegna. Con chi? Per quanto tempo? Cosa ha visto?

   _____

7. Secondo un intervistato, qual è la stagione migliore per visitare la Sardegna?

   _____

8. Dove ha soggiornato l'ultima persona intervistata? _____

B. Scegliete tra le due frasi quella che corrisponde al video.

1. **a.** Marco ha deciso di proseguire verso Milano.

   b. Oggi Marco si sente decisamente meglio.

2. **a.** A Venezia fa bel tempo.

   b. Sarebbe bello prendere l'aereo e volare a un'isola tropicale.

3. **a.** Una persona intervistata dice di avere fatto le vacanze in Turchia.

   b. Dice che sono stati in Turchia e hanno viaggiato in treno.

4. **a.** Un intervistato è stato in Sardegna con la sua ragazza.

   b. Dice di essere stato in Sardegna per due settimane.

5. **a.** La Sardegna è un paradiso in primavera.

   b. La Sardegna va vista d'estate.

6. Una persona intervistata dice:

   a. Siamo attualmente in un agriturismo.

   b. Abbiamo soggiornato in un agriturismo l'anno scorso.

7. **a.** Se Giovanni dovesse andare su un'isola deserta si porterebbe la ragazza.

   b. Se Marco dovesse andare su un'isola deserta si porterebbe il sole italiano.

Vedute d'Italia Una guida turistica

A. Prima di leggere. You are about to read an excerpt from a travel guide that describes some interesting, less-well-known parts of southern Italy: **le Eolie,** a group of islands off Sicily, **il Gargano** in Puglia, and **la Sila** in Calabria. Before you read look at the map of Italy in the front of your textbook to locate Sicily, Puglia, and Calabria. Why do you think tourists are attracted to these areas?

Le isole Eolie

Le isole Eolie sono di origine vulcanica. Sono dei vulcani usciti dall'acqua circa 700.000 anni fa. Le isole sono sette: Lipari, la più grande, ha un'area di circa 37 chilometri e la più piccola, Panarea, di circa 3 chilometri e mezzo. Per molti anni queste isole sono rimaste disabitate per le frequenti eruzioni vulcaniche. Oggi l'economia delle isole si basa sull'agricoltura, sull'industria mineraria e, sopratutto, sul turismo. Negli ultimi 50 anni il boom turistico ha portato il benessere nelle isole Eolie. Infatti molti turisti visitano le isole non solo per le loro bellezze naturali, ma anche per il benessere che derivano dalle cure dei bagni termali e dei fanghi *(mud-bath).* Nel 2000 le isole Eolie sono state dichiarate patrimonio culturale dell'umanità dall'UNESCO.

Il Gargano

Il Gargano è una penisola nella regione Puglia che si protende nel Mar Adriatico. Il Gargano è un angolo stupendo della regione ed è anche un parco nazionale. Ci sono coste bellissime, scogliere *(cliffs)*, e lagune profonde e azzurrissime. Quest'area è anche conosciuta per i suoi luoghi spirituali: Monte Sant' Angelo e San Giovanni Rotondo, posti che numerosi pellegrini *(pilgrims)* visitano ogni anno in cerca di purificazione.

La Sila

La Sila è in Calabria. È un vasto altopiano ricco di boschi con una fitta *(thick)* vegetazione e una grande varietà di alberi. Oltre ai boschi ci sono praterie *(prairies)* e pascoli *(meadows)* con laghi e torrenti *(cricks)*. La Sila è un'area stupenda che ha conservato la bellezza suggestiva del passato, con la presenza di vari animali selvatici, incluso il lupo *(wolf)* appenninico.

B. Alla lettura. Read each paragraph one more time and complete the following activity by supplying the missing information.

1. Le isole Eolie sono di origine _____ .

2. Queste isole non furono *(were)* abitate per _____ .

3. Oggi l'economia delle isole si basa su _____ .

4. Il boom turistico ha portato _____ .

5. I turisti visitano le isole per _____ ma anche per _____ .

6. Il Gargano è nella regione _____ .

7. Il Gargano è un angolo stupendo ed è anche _____ .

8. Il Gargano è anche conosciuto per _____ .

9. La Sila è un vasto _____ .

10. I boschi hanno una grande _____ .

11. La Sila ha conservato _____ .

12. Ci sono molti animali selvatici, compreso _____ .

Capitolo 15 Gli sport

Esercizi scritti

Studio di parole Attività sportive

A. Gioco di abbinamento. Match the vocabulary from column A with the correct definitions from column B.

A

1. _____ la palestra
2. _____ il tifoso/la tifosa
3. _____ la squadra
4. _____ la partita
5. _____ l'allenatore/l'allenatrice
6. _____ il calcio
7. _____ la pallavolo
8. _____ il ciclismo
9. _____ l'atleta
10. _____ il premio

B

a. Una persona che fa il tifo per una squadra o un giocatore.

b. Per questo sport ci vogliono undici giocatori per squadra.

c. L'edificio dove una persona si allena.

d. Si prende se si vince.

e. La persona che pratica uno sport.

f. Per questo sport è necessario avere una bicicletta.

g. Quando due squadre si incontrano, giocano...

h. Per questo sport ci vogliono sei giocatori per squadra, una rete e una palla.

i. La persona che prepara gli atleti.

j. Quando i giocatori giocano insieme, formano...

B. Indovinello. Indicate on the next page, for which sports these things (and one animal) are necessary.

1. gli scarponi _____
2. i pattini _____
3. una piscina _____
4. un canestro _____
5. una rete _____

6. due porte _____
7. un cavallo _____
8. una bici _____
9. una racchetta _____
10. una canoa _____

Punti grammaticali

15.1 I pronomi relativi

A. Ai giochi olimpici. Some spectators are talking. Link each pair of sentences by using **che.**

Esempio   Quello è l'allenatore. Ha allenato gli Azzurri.
Quello è l'allenatore che ha allenato gli Azzurri.

1. Ecco una ciclista italiana. È molto brava.

   _____

2. Il ciclismo è uno sport. Mi piace molto.

   _____

3. Ha visto la squadra di pallacanestro? Ha vinto la partita.

   _____

4. Quelle sono le atlete canadesi. Partecipano ai giochi di domani.

   _____

B. Impariamo ad usare *cui*. Complete each sentence, using **cui** and the appropriate preposition.

Esempio   Ecco la ragazza _____ Pietro esce.
*Ecco la ragazza **con cui** Pietro esce.*

1. Questo è il libro _____ ti parlavo.
2. Sono gli amici _____ noi andiamo a sciare.
3. Ti dirò le ragioni _____ voglio partire.
4. Milano è la città _____ Lorenzo viene.
5. Ecco la casa _____ abbiamo abitato per dieci anni.
6. Franco è l'amico _____ ho telefonato.
7. Ecco il professore _____ devo parlare.
8. Come si chiama la ragazza _____ Gino esce?

15.2 I pronomi indefiniti

A. Usiamo *qualcuno che*. Answer each question by using **qualcuno che** and the cue.

Esempio   Chi è un atleta? (fa dello sport)   *È qualcuno che fa dello sport.*

1. Chi è un ciclista? (corre in bicicletta)

   _____

2. Chi è un tifoso? (è appassionato di sport)

   _____

3. Chi è un giocatore? (gioca una partita)

   _____

4. Chi è un allenatore? (allena gli atleti)

   _____

B. Usiamo *qualcosa*. Answer each question by using **qualcosa** and the adjective in parentheses.

Esempio   Che cosa hai fatto? (bello)   *Ho fatto qualcosa di bello.*

1. Che cosa hai mangiato? (buono)

   _____

2. Che cosa hai letto? (interessante)

   _____

3. Che cosa hai ascoltato? (divertente)

   _____

4. Che cosa hai visto? (spettacolare)

   _____

C. Quale usiamo? Complete each sentence with one of the following words: **quello che, ognuno, tutti, ogni, tutto.**

1. Andate all'università _____ i giorni?

2. Puoi venire a casa mia _____ giorno.

3. _____ volta che il professore mi incontra, mi saluta.

4. Ora so _____ dobbiamo fare!

5. Ieri ho studiato _____ il giorno.

6. Abbiamo invitato _____ gli amici.

7. _____ ha il diritto di essere felice.

15.3 Espressioni negative

A. Rispondiamo con *niente* e *nessuno*. Answer each question in the negative, using **niente** or **nessuno**.

Esempi   Chi hai visto oggi? *Non ho visto nessuno.*   Cosa hai mangiato? *Non ho mangiato niente.*

1. Chi è venuto? _____

2. Cosa hai comprato? _____

3. Con chi hai parlato? _____

4. Cosa hai dimenticato? _____

5. Chi hai incontrato al caffè? _____

6. Cosa hai detto? _____

B. Rispondi che non l'hai mai fatto! Your roommate is accusing you of being forgetful. Defend yourself by saying you never did the things you're accused of doing.

Esempio   Tu dimentichi sempre le chiavi!   *Io non ho mai dimenticato le chiavi!*

1. Tu lasci sempre la porta aperta!

_____

2. Tu perdi sempre le chiavi di casa!

_____

3. Tu fai delle telefonate di un'ora!

_____

4. Tu chiudi fuori il gatto!

_____

5. Tu paghi il conto del telefono in ritardo!

_____

15.4 Il gerundio e la forma progressiva

A. Usiamo *stare* + il gerundio. Write a sentence using **stare** plus the gerund of the verb in parentheses.

Esempio   (mangiare / io)   *Sto mangiando.*

1. (recitare / noi)

_____

2. (fare la spesa / voi)

_____

3. (dire la verità / Franco)

_____

4. (bere un caffè / io)

_____

5. (andare alla stazione / noi)

_____

6. (venire dall'ufficio / tu)

_____

7. (mettere in ordine la camera / loro)

_____

B. Impariamo a scrivere frasi al passato. Write sentences using **stare** plus the gerund, according to the example.

   Esempio   (mentre noi / camminare, abbiamo visto Diana)
                 Mentre noi stavamo camminando, abbiamo visto Diana.

1. (mentre voi / prendere un caffè, è arrivato Paolo)

   _____

2. (quando noi / uscire, si è messo a piovere)

   _____

3. (mentre io / ascoltare il telegiornale, Mimmo ha telefonato)

   _____

4. (poiché loro / mangiare, non siamo entrati)

   _____

5. (mentre l'attore / entrare in scena, è caduto)

   _____

C. Usiamo il gerundio. Replace the subordinate clause with the gerund form of the verb.

   Esempio   Mentre passeggiava, ha incontrato Davide.
                 Passeggiando, ha incontrato Davide.

1. Mentre sciava, si è rotta una gamba.

   _____

2. Poiché non trovavamo la strada, ci siamo fermati tre volte.

   _____

3. Poiché avevamo tempo libero, abbiamo visitato un museo.

   _____

4. Poiché avevo fretta, non ho fatto colazione.

   _____

5. Poiché era in ritardo, si è scusato.

   _____

6. Quando ha perduto il lavoro, ha perduto anche la casa.

   _____

D. Usiamo l'infinito. Replace the underlined words with the corresponding infinitive.

Esempio   Il riposo è necessario.
Riposare è necessario.

1. Lo studio è utile.

   _____

2. Il gioco è piacevole.

   _____

3. Il fumo fa male alla salute.

   _____

4. Il lavoro stanca.

   _____

5. Il nuoto sviluppa i muscoli.

   _____

E. L'infinito o il gerundio? Complete each sentence, choosing between the gerund and the infinitive.

1. *(walking)* _____ per la strada, abbiamo incontrato Marco.

2. *(walking)* _____ fa bene alla salute.

3. *(reading)* _____, io ho imparato molte cose utili.

4. *(reading)* _____ è utile e istruttivo.

5. *(thinking)* _____ a mio padre, ho pensato a molti momenti felici.

6. *(thinking)* _____ nobilita lo spirito.

7. *(running)* _____, sono caduto.

8. *(running)* _____ rinforza i muscoli.

9. *(living)* _____, s'imparano molte cose.

10. *(living)* _____ in questa città è molto costoso.

Come si dice in italiano?

1. Paul is a student at the University of . . ., which is one of the best universities on the West Coast.

   _____

2. He is also a football player who plays on (in) the school team.

   _____

3. Today he is sitting (è seduto) in the (alla) cafeteria.

   _____

4. John, the friend with whom he is speaking, is a basketball player.

   _____

5. Someone said that he is so good that one day he will certainly take part in the Olympic games.

   _____

6. Today he needs to talk to Paul because he wants to ask him for yesterday's notes.

   _____

7. But Paul didn't go to class.

   _____

8. John, did you do anything interesting yesterday?

   _____

9. No, I didn't do anything interesting. I practiced for a few hours in the gym. And you?

   _____

10. I was supposed to meet my coach and some other players at the stadium, but no one was there.

    _____

11. Will you come tomorrow to see the game?

    _____

12. I don't know yet what I will do. I hope to be able to come. Anyhow (Comunque), good luck!

    _____

Esercizi orali

Studio di parole Attività sportive

 CD 5, TRACK 29

A quale partita preferisci andare? It's Saturday afternoon and you and a friend have decided to go to a sporting event. Listen to the listing of weekend events on the university radio station, then complete the chart below. Some information has already been filled in, as an example. The radio announcements will be repeated twice. Which game will you decide to watch?

Sport	dove?	quando?
1. *basket*		
2.		*domenica alle 7 di sera*
3.	*stadio Rossaghe di Parma*	

4. A quale evento ti piacerebbe andare? Spiega con una o due frasi perché.

_____

_____

_____

Punti grammaticali

15.1 I pronomi relativi

 CD 5, TRACK 30

A. *Chi, che* o *cui*? You have been out of town and your roommate Antonio is updating you about what went on while you were gone. Listen to Antonio's statements, which will each be repeated twice, and indicate which relative pronoun is used.

Esempio   You hear: La macchina che ho comprato ieri è il nuovo modello della Fiat.
You underline: chi / <u>che</u> / cui

1. chi / che / cui

2. chi / che / cui

3. chi / che / cui

4. chi / che / cui

5. chi / che / cui

6. chi / che / cui

CD 5, TRACK 31

B. Chi sono? You traveled on the same train as the soccer team. When your friend meets you at the station, you point out the members of the team. Repeat the response after the speaker.

Esempio   Questi sono i giocatori con cui ho viaggiato. (l'allenatore)
                Questo è l'allenatore con cui ho viaggiato.

1. _____
2. _____
3. _____
4. _____

15.2 I pronomi indefiniti

CD 5, TRACK 32

A. *Tutto, tutti, qualcosa* e *qualcuno*? Your friend Elisabetta is organizing an end-of-semester party at her house. Listen to her statements, which will each be repeated twice, and indicate if she says **tutto** or **tutti, qualcosa** or **qualcuno.** Sometimes there may be more than one of these words in a sentence.

Esempio   You hear: Mario ha detto che tutti portano qualcuno.
                You underline: tutto / <u>tutti</u> / qualcosa / <u>qualcuno</u>

1. tutto / tutti / qualcosa / qualcuno   4. tutto / tutti / qualcosa / qualcuno

2. tutto / tutti / qualcosa / qualcuno   5. tutto / tutti / qualcosa / qualcuno

3. tutto / tutti / qualcosa / qualcuno   6. tutto / tutti / qualcosa / qualcuno

CD 5, TRACK 33

B. Che cosa fanno queste persone? Explain what the following people do. Then repeat the response after the speaker.

Esempio   Chi è un venditore? (vende)   *È qualcuno che vende.*

1. _____
2. _____
3. _____
4. _____

CD 5, TRACK 34

C. Quante cose da fare! Listen to the model sentence. Then form a new sentence by substituting the cue. Repeat the response after the speaker.

Esempio   Ho qualcosa da dirti. (chiederti)   *Ho qualcosa da chiederti.*

1. _____
2. _____
3. _____
4. _____

15.3 Espressioni negative

CD 5, TRACK 35

A. *Niente* o *nessuno*? Last night Marco went to Liliana's birthday party. His roommate Alberto did not go because he was ill, and he is asking Marco about the event. As you listen, indicate which word—**niente** or **nessuno**—is used in each exchange, which will be repeated twice.

Esempio   You hear: — Hai visto qualcuno che conosco?
                            — No, non ho visto nessuno che conosci.
                You underline: niente / <u>nessuno</u>

1. niente / nessuno
2. niente / nessuno
3. niente / nessuno

4. niente / nessuno
5. niente / nessuno
6. niente / nessuno

CD 5, TRACK 36

B. Usiamo *nessuno*. Answer each question in the negative, using **nessuno**. Then repeat the response after the speaker.

Esempio   Ha telefonato qualcuno?   *Non ha telefonato nessuno.*

1. _____
2. _____
3. _____
4. _____
5. _____

CD 5, TRACK 37

C. Usiamo *niente*. Lisa wants to know what you did during your vacation, but unfortunately you did nothing. Answer each question in the negative. Then repeat the response after the speaker.

Esempio   Hai fatto qualcosa?   *Non ho fatto niente.*

1. _____
2. _____
3. _____
4. _____

CD 5, TRACK 38

D. Usiamo *neanche*. Not many people came to Jim's party because he sent the invitations too late. Tina wants to know who was there. Answer the questions, following the example. Then repeat the response after the speaker.

Esempio   È venuto Tommaso?   *Non è venuto neanche Tommaso.*

1. _____
2. _____
3. _____
4. _____

15.4 Il gerundio e la forma progressiva

🔊 CD 5, TRACK 39

A. Che cosa stanno facendo i familiari di Anna? Anna is indicating what everyone in her family is doing on a Saturday evening. Listen to her statements and write down the verbs in the **presente progressivo** that you hear. After your list is complete, write beside each verb the corresponding present-tense form. Each of Anna's statements will be repeated twice.

Esempio   You hear: La nonna sta preparando la torta per domani.
              You write: *sta preparando, prepara*

1. _____   4. _____

2. _____   5. _____

3. _____   6. _____

🔊 CD 5, TRACK 40

B. I consigli del padre. A father is giving his son some advice. Listen to the model sentence. Then form a new sentence by substituting the verb given. Repeat the response after the speaker.

Esempio   Sbagliando, s'impara. (studiare)
              Studiando, s'impara.

1. _____

2. _____

3. _____

4. _____

5. _____

6. _____

7. _____

🔊 CD 5, TRACK 41

C. Hai troppo da fare e non puoi uscire. Paola wants to know if you can go out with her, but you can't go because you're too busy. Form a sentence using the gerund of the verb given. Then repeat after the speaker.

Esempio   Sto mangiando. (studiare)
              Sto studiando.

1. _____

2. _____

3. _____

4. _____

5. _____

CD 5, TRACK 42

D. Usiamo il gerundio. Restate each sentence, using the gerund and replacing the noun with a pronoun. Then repeat the response after the speaker.

Esempio   Aspettiamo i nostri amici.
               Stiamo aspettandoli.

1. _____

2. _____

3. _____

4. _____

Dettato   CD 5, TRACK 43

A. Dettato: La famiglia di Elisabetta è molto sportiva. Listen as Elisabetta describes her family's sports preferences. You will hear her description the first time at normal speed, a second time more slowly so that you can supply the missing words, and a third time so that you can check your work. Feel free to repeat the process several times if necessary.

Mio padre non pratica _____ sport ma ogni domenica guarda

la _____ di _____ alla TV. Alla mia

mamma piace giocare a _____ con le amiche e qualche volta

pratica l' _____ con me nel parco. Mio fratello Paolo è un grande

_____, gioca a _____ tutti i sabati e pratica l'

_____ due volte alla settimana. Mio fratello maggiore Lorenzo ama

gli _____ pericolosi e preferisce fare l' _____

in montagna e poi scendere usando una specie di paracadute. Questo sport è chiamato

_____. La mia sorellina Marta gioca a _____ il sabato.

Io invece pratico il _____, non è uno _____ tipico

per le donne ma è uno sport molto _____ in Europa.

🔊 **CD 5, TRACK 44**

B. Qual è il migliore sport? Antonio and his friend Marcello are discussing the advantages and disadvantages of soccer, baseball, and basketball. Listen to their conversation, which will be repeated twice, then answer the following questions.

1. Qual è lo sport preferito di Antonio?

   _____

2. Chi può giocare a calcio e dove?

   _____

3. Che cosa è sufficiente per giocare a calcio?

   _____

4. In quali posti si può giocare a calcio?

   _____

5. Che sport preferisce Marcello?

   _____

6. Com'è il baseball?

   _____

7. Che cosa è necessario fare per giocare bene a baseball?

   _____

8. Qual è un altro sport molto popolare in Italia?

   _____

9. Dove si trovano i campi di basket?

   _____

10. Dove si gioca il basket d'inverno?

   _____

Vedute d'Italia   La Vespa

A. Prima di leggere. You are about to read a brief history of the popular Italian motor scooter, the Vespa. The Vespa, more than just a practical and accessible means of transportation, became the symbol of an era, and has enjoyed widespread popularity. While you read, focus on the characteristics of the Vespa that have contributed to its immediate and lasting appeal.

La Vespa

La Vespa, nata nel 1946 negli stabilimenti di Enrico Piaggio, era molto di più di uno scooter: era un'idea nuova, un modo di vivere indipendente ed economico.

I primi esemplari uscirono quando l'Italia, devastata dalla guerra, aveva bisogno di ritrovare la voglia di ricominciare, e la Vespa, chiamata così per la sua forma simile al corpo di una vespa *(wasp)*, rappresentava il simbolo di un nuovo inizio: era un po' lenta, ma economica, efficiente, pratica e con un futuro sicuro.

Con il funzionamento dei mezzi di trasporto inadeguato, la Vespa era il mezzo ideale: leggera, facilmente manovrabile, poco ingombrante, ideale sia per la città che per le escursioni domenicali.

Verso la fine degli anni cinquanta la Vespa aveva conquistato i mercati europei: Germania, Inghilterra, Francia ed altri per il suo stile semplice ed elegante e la sua praticità.

La Vespa ha cambiato aspetto molte volte, ma ha conservato la sua identità ed il suo modo di essere «contemporanea»; continua ancora oggi a rappresentare per i giovani l'idea dell'indipendenza, offrendo loro un mezzo di trasporto pratico ed economico. Per gli anziani, la Vespa fa parte dei ricordi della loro gioventù; per i giovani, la Vespa rappresenta la continuazione di una tradizione e di un modo di vivere che li fa sentire indipendenti, proprio come si sentivano i loro nonni nel lontano 1946.

B. Alla lettura. Read the short paragraphs one more time and answer the following questions.

1. Quando è nata la Vespa? _____

2. Perché era molto più di uno scooter? _____

3. Quando sono usciti i primi esemplari? _____

4. Perché si chiama Vespa? _____

5. Perché era il mezzo di trasporto ideale? _____

6. Quali altri mercati ha conquistato? _____

7. Che cosa rappresenta per gli anziani? _____

8. Che cosa rappresenta per i giovani? _____

Capitolo 16 ▎ Il corpo e la salute

Esercizi scritti

Studio di parole Il corpo e la salute

A. Le parti del corpo. Complete the following sentences with the appropriate terms relating to parts of the body.

1. _____ servono per vedere.

2. _____ servono per camminare.

3. _____ servono per masticare.

4. _____ serve per parlare.

5. _____ serve per digerire.

B. Alcune parti del corpo. Write the body parts indicated by the arrows.

1. _____   5. _____

2. _____   6. _____

3. _____   7. _____

4. _____

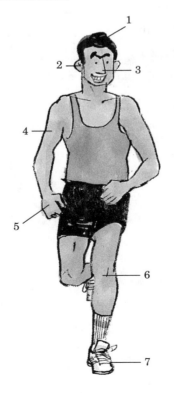

Punti grammaticali

16.1 Il passato remoto

A. Riconosciamo il passato remoto. Underline the verbs in the **passato remoto** tense.

In una piccola città di provincia un contadino festeggiava il suo centesimo compleanno. Un giornalista andò a casa sua per intervistarlo. Voleva conoscere il segreto della sua longevità.

— Qual è il segreto di una lunga vita? — domandò il giornalista al contadino.

Il contadino, che si sentiva importante, pensò un po' e poi rispose:

— È molto semplice: non fumo, vado a letto presto la sera e, soprattutto, non bevo vino. Non ho mai bevuto una goccia di vino in tutta la mia vita: ecco il segreto.

Mentre i due uomini parlavano, si sentì un gran rumore che veniva dalle scale.

— Che cosa succede? — chiese il giornalista.

— Oh, non è niente, — disse il contadino — è mio padre che ritorna a casa ubriaco tutte le sere.

B. Cambiamo al passato remoto. Change the verbs in the following paragraph from the **passato prossimo** to the **passato remoto**.

L'anno scorso Bob (ha fatto) _____ un viaggio in Europa perché voleva visitarla.

Quando (è arrivato) _____ in Italia, (ha trovato) _____ che il

paese era bello e che la gente era cordiale. Così Bob (ha deciso) _____ di restarci

tutta l'estate, perché l'Italia gli piaceva. (Ha affittato) _____ a Firenze una camera

che non gli costava molto.

Un giorno Bob (ha incontrato) _____ un ragazzo che si chiamava Pietro.

Insieme (hanno incominciato) _____ un lungo viaggio attraverso l'Italia. Una

mattina, mentre facevano l'autostop, (hanno visto) _____ una bella ragazza

bionda. Bob e Pietro (si sono avvicinati) _____ e le (hanno domandato)

_____ dove andava. Lei (ha risposto) _____ che desiderava

visitare il paese. Da quel momento i tre (hanno continuato) _____ il viaggio

insieme.

16.2 Plurali irregolari

Alcuni plurali irregolari. Complete each sentence by supplying the plural of the word(s) in parentheses. Remember to use the definite article when necessary.

Esempio   (programma) Stasera guardo _____ alla TV.   *Stasera guardo **i programmi** alla TV.*

1. (cuoco) _____ sono occupati in cucina.

2. (telegramma) Hai mandato _____ agli amici?

3. (poeta) Dante e Petrarca sono due grandi _____.

4. (ginocchio) Mi fanno male _____.

5. (problema) Purtroppo abbiamo molti _____.

6. (arancia) _____ che hai comprato sono buone.

7. (albergo) Quale di questi due _____ preferisci?

8. (farmacia) Oggi _____ sono chiuse.

9. (zio, ottimista) _____ di Marisa sono

_____.

10. (medico, simpatico) Ho conosciuto due _____.

16.3 Suffissi con nomi e aggettivi

Descriviamo! Describe each person or thing by adding the appropriate suffix.

Esempio   Che giornata! Piove!   *Che giornataccia!*

1. Che ragazzo! Dice sempre bugie!

_____

2. Che lettera! Ci sono solo tre righe!

_____

3. Che bambino! È così grosso!

_____

4. Che casa piccola! Però è carina!

_____

5. Che libro pesante! Avrà almeno mille pagine!

_____

6. Che begli occhi! Come sono grandi!

_____

7. Che mani! Come sono piccole!

_____

8. Che professore! Quante cose sa!

_____

16.4 Verbi ed espressioni verbali + *infinito*

A. Quale preposizione usiamo? Complete each sentence with the appropriate preposition (**a, di, per**) when necessary.

1. Che cosa sai _____ fare?

2. Siamo andati _____ cenare in una pizzeria.

3. Penso _____ svegliarmi presto.

4. In autunno non finisce mai _____ piovere.

5. Pierino continua _____ giocare e non vuole _____ rientrare in casa.

6. Ho finito _____ lavorare e ora posso _____ riposare.

7. Sta _____ nevicare.

8. Ho dimenticato _____ prendere l'ombrello.

9. Spero _____ andare _____ studiare in Italia.

10. Studiamo _____ imparare.

11. Siete stanchi _____ aspettare?

12. Finalmente sono riusciti _____ laurearsi.

13. Non è sempre possibile _____ finire gli studi in quattro anni.

14. Avremmo bisogno _____ riposarci un po'.

15. Mi dispiace _____ non potere _____ aiutarti oggi.

16. Ti prometto _____ farlo domani.

17. Non ho avuto tempo _____ fermarmi dal salumiere.

18. Erano contenti _____ laurearsi, ma avevano paura _____ non trovare lavoro.

B. Rispondiamo usando la preposizione giusta. Answer each question using a complete sentence.

1. A che ora sei andato(a) a dormire tu ieri sera?

   _____

2. Che cosa hai dimenticato di fare il fine settimana scorso?

   _____

3. Quando speri di finire gli studi?

   _____

4. Che cosa detesti fare?

   _____

5. A che ora hai finito di cenare ieri sera?

   _____

6. Perché continui a studiare?

   _____

C. È necessaria una preposizione? Complete each sentence with the correct preposition, if necessary.

1. Ho voglia _____ prendere un caffè.

2. Siamo contenti _____ partire.

3. Incomincio _____ essere stanca _____ studiare.

4. Perché continui _____ farmi le stesse domande?

5. Hanno promesso _____ aiutarti?

6. È difficile _____ studiare la sera.

7. Pensi _____ andare al cinema?

8. Puoi fermarti _____ comprare il giornale?

9. Preferisci _____ uscire o stare a casa?

10. Spero _____ ricevere una lettera da mio padre.

11. Mi ha insegnato _____ suonare il piano.

12. Mi piacerebbe _____ fare un viaggio in Italia.

Come si dice in italiano? Translate the following, using the **passato remoto** of the underlined verbs.

1. Here is a question that the Sphinx **(la Sfinge)** <u>asked</u> a great hero **(eroe,** *m.***)**: "Which is the animal who in the morning walks on four legs, at noon on two, and in the evening on three?" The hero <u>knew how</u> to answer. Do you?

_____

_____

_____

_____

2. One day an old peasant <u>told</u> the doctor who had treated him for a serious earache, "I feel completely cured **(guarito)**. How much do I owe you?" The doctor <u>answered</u>, "One hundred euro." The old man <u>put</u> (his) hand close to **(vicino a)** (his) ear and <u>asked</u>, "What did you say? Two hundred euro?" The doctor <u>shouted</u> **(gridare),** "No, three hundred euro!"

_____

_____

_____

_____

_____

Attività video

Dal farmacista. Dopo aver guardato questa sezione del video, in gruppi di tre studenti, completate le seguenti attività.

A. Fatevi a turno le seguenti domande.

1. Marco ha bisogno di un consiglio. Da chi? E perché? _____

2. Che cosa spera Marco? _____

3. Quali sintomi dice di avere al farmacista? _____

4. Che cosa gli domanda il farmacista? _____

5. Qual è la sua diagnosi? _____

6. Che medicina gli dà? Quali sono i benefici di questa medicina? _____

7. È giovane o anziano il farmacista? In cosa è laureato? _____

8. Da quanto tempo fa il farmacista? _____

9. In quale città ha iniziato la sua professione? _____

10. C'è una differenza tra i farmacisti in Italia e i farmacisti in America? In cosa consiste questa differenza? _____

B. Una delle seguenti tre affermazioni corrisponde al video. Ascoltate il dialogo una seconda volta e decidete insieme quale affermazione corrisponde.

1. **a.** Marco ha deciso di andare dal dottore.

   b. Marco non sta bene a causa del cattivo tempo.

   c. Ha deciso di chiedere consiglio al suo amico Giovanni.

2. **a.** Marco dice al farmacista di non avere la febbre.

   b. Dice di avere un po' d'influenza.

   c. Spiega al farmacista di non sentirsi bene.

3. **a.** Il farmacista gli chiede se ha mal di gola.

   b. Il farmacista guarda attentamente Marco e conclude che deve avere una gran febbre.

   c. Dopo avere ascoltato i sintomi di Marco, il farmacista conclude che sono sintomi di raffreddore.

4. **a.** Il farmacista gli dà una medicina a base di prodotti naturali.

   b. Il prodotto contiene la vitamina D.

   c. Il prodotto non contiene aspirina.

5. **a.** Il farmacista è nato nel 1960.

   b. Ha incominciato a fare il farmacista a Varese.

   c. Ha comprato una farmacia in società con un collega.

6. **a.** I farmacisti in Italia consigliano ai clienti quali medicine prendere.

   b. Il farmacista in Italia fa lo stesso lavoro del medico.

   c. Solo il medico in Italia può spiegare quali sono le controindicazioni delle medicine.

Esercizi orali

Studio di parole   Il corpo e la salute

🔊 CD 6, TRACK 2

Come ti senti oggi? Carlo has had severe problems with his health and many mishaps. Listen to each of his statements and write down the symptom(s) he mentions. Then from among the choices provided, suggest, using the informal imperative, what he needs to do to get better.

**stare a riposo   andare dal dentista   mettersi a dieta   andare dal chiropratico
prendere delle aspirine   andare dall'ortopedico**

> **Esempio**   You hear: Mi sono rotto un braccio e non posso scrivere.
> You write: *Symptoms: Si è rotto un braccio.*
> Your suggestion: *Va' dall'ortopedico.*

1. _____
2. _____
3. _____
4. _____
5. _____
6. _____

Punti grammaticali

16.1 Il passato remoto

🔊 CD 6, TRACK 3

A. Usiamo il passato remoto. Listen to the model sentence. Then form a new sentence by substituting the subject given and making all necessary changes. Repeat the response after the speaker.

1. **Esempio**   Io non parlai con nessuno. (lui)   *Lui non parlò con nessuno.*

_____
_____
_____
_____
_____

2. **Esempio**   Io partii a mezzanotte. (Marco)   *Marco partì a mezzanotte.*

_____
_____
_____
_____
_____

CD 6, TRACK 4

B. La storia di Pallino. Listen as Paolo's grandmother reads him a bedtime story about his favorite character, *Pallino*. Make a list of all the verbs in the **passato remoto** that you hear; some sentences include more than one verb. After you have made your list, write out the infinitive form of each verb as well as the corresponding form of the **passato prossimo** tense. The story will be repeated twice. There are eight verbs conjugated in the **passato remoto,** one is given as an example.

Esempio   You hear: decise
                  You write: *decise, decidere, ha deciso*

1. _____
2. _____
3. _____
4. _____
5. _____
6. _____
7. _____

16.2 Plurali irregolari

CD 6, TRACK 5

A. Formiamo il plurale. Give the plural of each phrase. Then repeat after the speaker.

Esempio   il programma televisivo   *i programmi televisivi*

1. _____
2. _____
3. _____
4. _____
5. _____
6. _____

CD 6, TRACK 6

B. Formiamo il singolare. Give the singular of each phrase. Then repeat after the speaker.

Esempio   i bravi dentisti   *il bravo dentista*

1. _____
2. _____
3. _____
4. _____
5. _____
6. _____

16.3 Suffissi con nomi e aggettivi

CD 6, TRACK 7

A. Le opinioni degli studenti. Listen as Filippo and Valentina talk about their friends and life in general. For each of their statements, which will be repeated twice, indicate which noun or adjective with a suffix they use.

Esempio   You hear: La professoressa d'italiano ha comprato una bella villetta in montagna.
You write: *villetta*

1. _____   4. _____

2. _____   5. _____

3. _____   6. _____

CD 6, TRACK 8

B. Impariamo i suffissi. Form a new phrase by using the same noun with the appropriate suffix. Then repeat the phrase after the speaker.

Esempio   una piccola parola
una parolina

1. _____   5. _____

2. _____   6. _____

3. _____   7. _____

4. _____   8. _____

16.4 Verbi ed espressioni verbali + *infinito*

CD 6, TRACK 9

A. Cambiamo il verbo. Listen to the model sentence. Then form a new sentence, using the correct form of the verb provided. Repeat each response after the speaker.

Esempio   Luisa sa vestirsi elegantemente. (deve)
Luisa deve vestirsi elegantemente.

1. _____

2. _____

3. _____

4. _____

5. _____

🔊 CD 6, TRACK 10

B. Cambiamo ancora il verbo. Listen to the model sentence. Then form a new sentence, using the correct form of the verb provided. Repeat each response after the speaker.

Esempio   Incomincio a studiare oggi pomeriggio. (spero)   *Spero di studiare oggi pomeriggio.*

1. _____
2. _____
3. _____
4. _____
5. _____
6. _____

Dettato   🔊 CD 6, TRACK 11

A. Dettato: La storia dell'uomo felice. Listen to the story grandparents tell their grandchildren to teach them that happiness is not in material things. You will hear the story the first time at normal speed, a second time more slowly so that you can supply the missing words, and a third time so that you can check your work. Feel free to repeat the process several times if necessary.

C'era una volta un re che _____ in un paese chiamato Arabia Felice. Un giorno il re

_____ di una strana malattia. Molti medici _____ al palazzo, ma nessuno

_____ trovare la causa della sua malattia. Finalmente un medico _____,

_____ il re e _____: «Se il re non porterà la camicia di un uomo

_____, il re morirà prima della _____ piena». Gli uomini del re _____

nel paese un _____ e promisero una borsa piena d'oro per la sua camicia. Ma

non _____ nessun uomo felice. Il primo ministro, disperato, _____ un viaggio per

mari e per _____ in cerca di un _____, ma senza successo.

Un giorno, mentre il primo ministro _____ in un deserto, una tempesta di sab-

bia *(sand storm)* _____, e il ministro cercò _____ in una grotta. Dentro la

_____ c'era un eremita.

«Cosa cerchi?» _____ l'eremita.

«Cerco un _____ e non riesco a _____», rispose il ministro.

«Io sono un _____ felice!» _____ l'eremita.

«Tu!?» _____ il ministro, «Ma come puoi _____ felice di vivere in questa

_____?»

«Perché», _____ l'eremita, «non desidero un'altra _____ e non ho

_____ di perdere questa».

«Allora», gridò il _____ pieno di gioia, «dammi la tua camicia!»

L'eremita sollevò il _____. Sotto il mantello non aveva una _____. L'unico

_____ non aveva nemmeno una camicia!

🔊 CD 6, TRACK 12

B. Un incidente di sci. Silvia had a skiing accident and broke her leg. Her friend Laura went to visit her and brought her flowers and candies. Listen to their conversation, which will be repeated twice, then indicate whether the statements below are true (**V**) or false (**F**).

1. _____ V _____ F Silvia è contenta di vedere l'amica.

2. _____ V _____ F Laura domanda com'è successo l'incidente.

3. _____ V _____ F Silvia spiega che lei e un altro sciatore si sono scontrati *(run into each other)*.

4. _____ V _____ F Per evitare l'altro sciatore Silvia ha virato a sinistra.

5. _____ V _____ F Silvia è finita contro una macchina ferma.

6. _____ V _____ F Silvia si è rotta un braccio.

7. _____ V _____ F Laura dice che è stata fortunata perché poteva rompersi la testa.

8. _____ V _____ F Silvia scendeva lentamente sugli sci.

9. _____ V _____ F Silvia deve stare a casa con la gamba ingessata e si annoia.

10. _____ V _____ F Laura promette di tenerla al corrente di quello che fanno all'università.

11. _____ V _____ F Laura le ha portato una torta al cioccolato.

12. _____ V _____ F Silvia domanda a Laura di aprire la scatola di cioccolatini.

Attività video

Lo sport. Dopo che avete guardato questa sezione del video, in gruppi di tre studenti, completate le seguenti attività.

A. Fatevi a turno le domande.

1. Quali espressioni usano i tifosi per incoraggiare i giocatori della loro squadra di calcio? _____

2. Come sono tutti i tifosi di calcio, secondo Marco? _____

3. Di quale squadra di calcio è tifoso Marco? _____

4. È molto sportivo Marco? Come lo sappiamo? _____

5. Una volta giocava al pallone con gli amici. Ora non gioca più. Perché? _____

6. Quali sport pratica adesso? _____

7. Lo sport più diffuso in Italia è il calcio. Cosa fanno i tifosi che non possono praticarlo? _____

8. Un'intervistata dice che non pratica nessuno sport e fa una confessione. Che cosa dice? _____

9. Quale sport pratica un intervistato quando è sulla spiaggia? Quale altro sport pratica? _____

10. Quale squadra ha vinto la partita di calcio di oggi? È contento Marco? Di cosa sente un po' di nostalgia? _____

B. Guardate il video una seconda volta e completate insieme le seguenti frasi.

1. In Italia siamo tutti _____.

2. Marco dice: io sono un tifoso _____.

3. Ho praticato molti sport, come: _____ _____ _____ _____.

4. Da quando ho iniziato l'università _____.

5. Tutti praticano il calcio o comunque _____.

6. Andavo in palestra, ma ho rinunciato perché _____.

7. Ho giocato a pallavolo e calcio; da quando sono in università _____.

8. Ho smesso di giocare a pallavolo perché _____.

9. La Roma ha vinto, purtroppo i miei amici _____.

10. Ho un po' di nostalgia di _____ _____ _____ _____.

Vedute d'Italia   La medicina in Italia

A. Prima di leggere. The following reading offers insights into the Italian medical system. The Italian constitution guarantees all Italians medical care. The SSN, or national health service, usually offers a family doctor, although less choice is accorded in hospital care. Doctors in Italy routinely make house calls. The Italian medical system places great importance on preventative medicine, and consequently Italians are living longer—into the so-called "third age" when increasingly healthy seniors engage in all kinds of activities. In fact Italian universities have now opened their doors to this new category of older student.

REGIONE LOMBARDIA

TESSERA SANITARIA

SERVIZIO SANITARIO NAZIONALE

> La Costituzione Italiana assicura a tutti gli Italiani l'assistenza medica. Ogni cittadino possiede una tessera sanitaria che deve presentare per le visite mediche, all'ospedale e per tutti gli altri servizi sanitari.
>
> Il Servizio Sanitario Nazionale (SSN) consente di scegliere il medico di famiglia da un elenco di medici convenzionati. Con l'ospedale è più difficile avere lo stesso medico: qui il rapporto è con un'equipe di medici invece che con il singolo medico. Quando una persona è ammalata il medico viene a casa per la visita e, se necessario, ritorna nei giorni seguenti.
>
> Grande importanza è data alla prevenzione delle malattie. I cittadini ricevono a casa l'invito a presentarsi per le visite di controllo. Le migliorate condizioni di vita e un'assistenza sanitaria costante hanno allungato la vita media. Si parla così della «terza età», cioè del periodo della vita che comincia alla pensione. Uomini e donne, liberi da rapporti di lavoro possono dedicarsi a nuove attività, come il volontariato. In questi ultimi anni, molte università hanno aperto le loro porte a questa nuova categoria di studenti.

B. Alla lettura. Read the passage a second time and answer the following questions.

1. Che cosa assicura la Costituzione Italiana a tutti i cittadini? _____

2. Quando e a chi i cittadini devono presentare la tessera sanitaria? _____

3. Che cosa consente il SSN? _____

4. Perché è più difficile avere lo stesso medico all'ospedale? _____

5. Quando il medico viene a casa? _____

6. Che cosa ricevono a casa i cittadini? _____

7. Che cosa ha allungato la vita media? _____

8. Come si definisce «la terza età»? _____

9. Che scelte hanno uomini e donne che raggiungono la terza età? _____

Capitolo 17   Ecologia

Esercizi scritti

Studio di parole   L'ecologia—la macchina

A. La prima macchina. Read what Marco and his friend Gianni are doing. Then fill in the missing words listed here. Some words may be used more than once.

**velocità   multa   passaggio   parcheggiato   distributore di benzina
pieno   l'olio e l'acqua   macchina**

Marco ha comprato la sua prima _____. Ieri ha preso una _____

perché ha _____ dove c'era il divieto di parcheggio. Il suo amico Gianni non

ha la _____ e ha chiesto a Marco di dargli un _____. Marco e

Gianni si sono fermati al _____ per fare il _____ e per controllare

_____. Oggi Marco guida al limite di _____ perché non vuole

prendere un'altra _____.

B. Le parole incrociate. Complete the crossword puzzle with the cues given.

Orizzontali

1. Un mezzo di trasporto che costa meno della macchina.

2. Andiamo a farlo al distributore.

3. Non dobbiamo superare quello di velocità.

4. La mettiamo nel serbatotio *(tank)* della macchina.

5. Ci fermiamo quando vediamo questo segnale.

Verticali

1. La prendiamo se parcheggiamo dove è proibito.

6. Non ha la macchina e va a piedi.

7. Una bicicletta… corta.

8. Ci dà una multa se facciamo delle infrazioni al codice stradale.

Punti grammaticali

17.1 Il congiuntivo presente

A. Impariamo il congiuntivo. Change the underlined verb according to each subject in parentheses.

1. La mamma vuole che io <u>scriva</u> una lettera. (tu, noi, i ragazzi, Pietro)

_____

2. Il professore desidera che noi <u>finiamo</u> i compiti. (tu, Giacomo, tu e Pietro, noi)

_____

3. Non credo che Marco <u>parta</u>. (tu, noi, i miei amici, voi)

_____

4. Il professore spera che tu <u>parli</u> italiano. (noi, i suoi studenti, sua figlia, tu e Pietro)

_____

_____

B. Il congiuntivo è necessario. Respond to each statement in the affirmative or negative, using the cue in parentheses and following the example.

Esempio   Voglio fare l'infermiere. (necessario / prendere una laurea)
        Non è necessario che tu prenda una laurea.

1. Mio cugino vuole essere indipendente. (importante / lavorare)

_____

2. Voglio incominciare a lavorare. (necessario / finire gli studi)

_____

3. Voi volete dimagrire. (indispensabile / mangiare di meno)

_____

4. Mio fratello vuole guidare la macchina. (importante / prendere lezioni di guida)

_____

5. La ragazza vuole dimenticare. (ora / divertirsi)

_____

6. Gli studenti vogliono imparare. (meglio / studiare)

_____

7. Noi abbiamo un problema serio. (bene / telefonare all'avvocato)

_____

C. Esprimiamo opinioni. Respond to each statement, using **Sono contento(a) che…** or **Mi dispiace che…**

Esempio   Domani vengono i nostri parenti.   *Sono contento(a) che domani vengano i nostri parenti.*

1. La disoccupazione è alta.

   _____

2. La pizza ha molte calorie.

   _____

3. L'America vuole aiutare i paesi poveri.

   _____

4. I miei genitori vanno in vacanza.

   _____

5. Mio nonno non può fare una passeggiata ogni giorno.

   _____

6. Tu stai sempre a casa solo.

   _____

7. Le persone generose danno il loro aiuto ai poveri.

   _____

8. Marisa viene con noi al mare.

   _____

17.2 Congiunzioni + congiuntivo

A. Impariamo le congiunzioni con il congiuntivo. Rewrite each sentence, using the cue in parentheses and **purché** + the subjunctive, as in the example.

Esempio   Ti presterò il libro. (restituirmelo subito)   *Ti presterò il libro purché tu me lo restituisca subito.*

1. Ti aspetterò. (arrivare in orario)

   _____

2. Andrò all'opera. (il biglietto, non costare troppo)

   _____

3. Ti accompagnerò alla stazione. (averne il tempo)

   _____

4. Parcheggerò vicino a casa tua. (trovare un posto)

   _____

5. Ti presterò 50 euro. (tu, restituirmeli)

   _____

6. Andrò alla conferenza sull'ecologia. (tu, venire con me)

   _____

B. Usiamo *affinché* o *perché*. Mirella is a very generous person. State to whom and why she is lending her things, using **perché** or **affinché** + the subjunctive, as in the example.

Esempio   (macchina / migliore amica / andare alla spiaggia)
Presta la macchina alla sua migliore amica perché vada alla spiaggia.

1. (soldi / fratello / comprarsi una Mini Cooper)

_____

2. (appunti / compagna / potere studiare)

_____

3. (orologio / cugina / essere puntuale a un colloquio [di lavoro])

_____

4. (aspirapolvere / amica / pulire la stanza)

_____

5. (bicicletta / a Stefano / non usare la macchina)

_____

C. Impariamo ad usare altre congiunzioni. Rewrite each sentence, using **benché**, **sebbene**, or **per quanto** + the subjunctive, as in the example.

Esempio   È anziano, ma nuota ogni giorno.
Benché sia anziano, nuota ogni giorno.

1. Si vogliono bene, ma litigano spesso.

_____

2. Non ha molti soldi, ma ne presta agli amici.

_____

3. È un ambientalista, ma non ricicla abbastanza.

_____

4. I suoi genitori sono poveri, ma contribuiscono alle sue spese universitarie.

_____

5. State peggio, ma volete uscire.

_____

D. Usiamo *prima di*. Before leaving on vacation, Gianna gives instructions to Laura, who will be taking care of her house.

Esempio   (chiudere la porta / uscire)
Chiudi la porta prima di uscire.

1. (dare da mangiare al gatto / andare in classe)

   _____

2. (prendere la chiave / uscire)

   _____

3. (guardare che ore sono / andare alla posta)

   _____

4. (mettere il gatto dentro / venire buio [*dark*])

   _____

17.3 Il congiuntivo passato

A. Ho paura che... Claudio went skiing for the day, but it's midnight and he still hasn't returned. Describe his mother's fears of what may have happened, starting each sentence with **Ho paura che** and changing the verb to the present perfect subjunctive.

Esempio   Forse ha avuto un incidente.
Ho paura che abbia avuto un incidente.

1. Forse ha perso la strada.

   _____

2. Forse ha avuto dei problemi con la macchina.

   _____

3. Probabilmente ha accompagnato a casa gli amici.

   _____

4. Forse hanno bloccato la strada per la neve.

   _____

5. Forse è caduto dagli sci.

   _____

6. Forse si è rotto una gamba.

   _____

7. Forse è finito all'ospedale.

   _____

B. Impariamo il congiuntivo passato. React to each statement, completing your sentence as in the example.

Esempio　　La conferenza sull'ecologia è stata un successo.
　　　　　　Sì, credo che la conferenza sull'ecologia *sia stata un successo.*

1. I miei genitori hanno deciso di abitare in campagna.

   Sono contento(a) che _____.

2. Molta gente ha incominciato a riciclare.

   Sì, credo che _____.

3. Tutti i giovani hanno capito che l'inquinamento è un problema serio.

   Dubito che _____.

4. Ho abbandonato gli studi in medicina.

   Mi dispiace che _____.

5. L'effetto serra è aumentato.

   Sì, ho paura che _____.

C. Può darsi che... You're trying to find an explanation for the following situations. Start each statement with **Può darsi che** and complete with the present perfect subjunctive of the verb in parentheses.

Esempio　　Il professore è arrivato in ritardo. (alzarsi tardi oggi)
　　　　　　Può darsi che si sia alzato tardi oggi.

1. Pietro non ha risposto al telefono. (uscire)

   _____

2. Alcuni studenti hanno l'aria stanca. (non dormire la notte scorsa)

   _____

3. Il dottore mi ha ordinato degli antibiotici. (tu, avere un'infezione)

   _____

4. Mi fanno male i denti. (tu, mangiare troppi dolci)

   _____

5. L'avvocato non ha risposto alla mia telefonata. (non ricevere il messaggio)

   _____

Come si dice in italiano?

1. Jimmy and his girlfriend Lindsay arrived yesterday in Rome and rented a car. Today they are driving in the city.

   _____

2. Lindsay is complaining about (**lamentarsi di**) the air pollution. She is also afraid Jimmy may have problems with the traffic, although he is a good driver (**automobilista**).

   _____

3. "Lindsay, if you must complain so much (**così tanto**), next time I prefer that you stay in the hotel, or that you go on foot."

   _____

4. Unfortunately, Lindsay was right: at a traffic light (**semaforo**) they had an accident (**incidente**). Jimmy broke (his) leg.

   _____

5. They are now at the emergency room (**Pronto Soccorso**), where the doctor put a cast on (**ha ingessato**) Jimmy's leg.

   _____

6. "Jimmy," said the doctor, "I think you need a medication (**medicina**) for the pain. I believe my nurse (**infermiera**) has already prepared it for you."

   _____

Esercizi orali

Studio di parole   L'ecologia—la macchina

 CD 6, TRACK 13

Una conferenza sull'ecologia. You are at a conference on ecology and are taking down notes of the speaker's main points. Listen to the information provided, which will be repeated twice, then complete the sentences below as appropriate.

1. È importante ridurre l'_____.

2. È necessario _____ l'aria che respiriamo.

3. Il _____ del clima produrrà _____ devastanti.

4. Lo strato dell'_____ protegge l'_____ dai raggi ultravioletti.

5. L'anidride carbonica è la _____ _____ dell'effetto serra.

6. L'effetto serra _____ la terra.

7. Dobbiamo _____ l'emissione dell'anidride _____.

8. Molte città hanno preso dei _____ per ridurre lo _____.

9. Deve essere _____ l'uso della _____ verde.

10. Il _____ è essenziale per proteggere l'_____.

Punti grammaticali

17.1 Il congiuntivo presente

 CD 6, TRACK 14

A. I consigli del medico. Listen to the advice given by Doctor Lunardi to various patients and indicate which form of the subjunctive is used in each case. Each of his statements will be repeated twice.

Esempio   You hear: È probabile che Lei abbia un raffreddore.
             You underline: abbiamo / <u>abbia</u> / abbiate / abbiano / ha / hai

1. abbiamo / abbia / abbiate / abbiano / ha / hai

2. fa / facciate / faccia / facciamo / fai / facciano

3. mangia / mangi / mangiamo / mangiate / mangino / mangiano

4. prenda / prendi / prendiamo / prendete / prendiate / prendano

5. dormo / dormi / dorma / dormiate / dormite / dormano

6. segui / seguiamo / seguiate / seguite / segua / seguano

B. Cambiamo il soggetto. Listen to the model sentence. Then form a new sentence by substituting the noun or pronoun given. Repeat the response after the speaker.

Esempio   Voglio che tu parta. (lei)
Voglio che lei parta.

_____

_____

_____

_____

_____

C. Le opinioni degli studenti. Listen as Gino e Maria voice opinions about their university. Indicate in each instance which form of the irregular subjunctive they are using. Their statements will be repeated twice.

Esempio   You hear: Credo che gli studenti devano studiare di più.
You underline: vadano / bevano / facciano / diano / <u>devano</u> / diano

1. vadano / diano / dicano / sappiano / devano

2. abbiano / facciano / siano / stiano / diano / sappiano

3. possano / sappiano / escano / siano / facciano / vogliano

4. possiate / veniate / siate / andiate / abbiate / usciate

5. possa / vada / faccia / sia / abbia / sappia

6. vada / venga / voglia / abbia / sia / possa

D. Impariamo le forme irregolari. Listen to the model sentence. Then form a new sentence by substituting the noun or pronoun given. Repeat the response after the speaker.

Esempio   È meglio che voi sappiate la verità. (io)
È meglio che io sappia la verità.

1. _____
2. _____
3. _____
4. _____
5. _____

🔊 CD 6, TRACK 18

E. Mi dispiace che... Express your regret that the following people cannot come to your party. Follow the example. Then repeat the response after the speaker.

Esempio   Mi dispiace che tu non possa venire. (Anna)
               Mi dispiace che Anna non possa venire.

1. _____

2. _____

3. _____

4. _____

17.2 Congiunzioni + congiuntivo

🔊 CD 6, TRACK 19

A. Una discussione tra Marco e Anna. Listen as Marco answers Anna's questions about his leisure-time activities and tastes. Indicate which conjunction he uses in each of his answers. Each question and answer will be repeated twice.

Esempio   You hear: — Vieni al concerto di Verdi?
                          — Sì, purché non costi troppo!
               You underline: sebbene / a meno che / <u>purché</u> / benché / prima che

1. sebbene / a meno che / purché / benché / prima che

2. sebbene / a meno che / purché / benché / prima che

3. sebbene / a meno che / purché / benché / prima che

4. sebbene / a meno che / purché / benché / prima che

5. sebbene / a meno che / purché / benché / prima che

6. sebbene / a meno che / purché / benché / prima che

🔊 CD 6, TRACK 20

B. Ripetiamo l'uso delle congiunzioni *purché* e *benché*. Listen to the model sentence. Then form a new sentence by substituting the noun or pronoun given and making all necessary changes. Repeat the response after the speaker.

Esempio   Noi verremo stasera purché siamo liberi. (tu)
               Tu verrai stasera purché sia libero.

1. _____

2. _____

3. _____

4. _____

🔊 **CD 6, TRACK 21**

C. Uniamo due frasi usando le congiunzioni ed il congiuntivo. Combine each pair of sentences into a single statement, using the cue and the appropriate form of the subjunctive. Then repeat the response after the speaker.

Esempio   Dobbiamo uscire. Piove. (prima che)   *Dobbiamo uscire prima che piova.*

1. _____

2. _____

3. _____

4. _____

17.3 Il congiuntivo passato

🔊 **CD 6, TRACK 22**

A. Che cosa hanno fatto gli studenti lo scorso weekend? Listen as Gino and Maria talk about what other students might have done last weekend. Then complete each of the sentences with the correct name of the student mentioned. One name has already been filled in for you. The dialogue will be repeated twice.

1. Pensano che _____ siano andati in palestra.

2. Pensano che _____*Mario*_____ sia andato al cinema con la sua ragazza.

3. Pensano che _____ abbia dormito tutto il weekend.

4. Pensano che _____ abbia cominciato una dieta.

5. Pensano che _____ abbia avuto un weekend rilassante.

6. Pensano che _____ abbia finito tutti i compiti.

🔊 **CD 6, TRACK 23**

B. Pratichiamo il congiuntivo passato. Listen to the model sentence. Then form a new sentence by substituting the noun or pronoun given and making all necessary changes. Repeat the response after the speaker.

1. **Esempio**   Mia madre spera che tu non abbia visto quel film. (noi)
   Mia madre spera che noi non abbiamo visto quel film.

_____

_____

_____

_____

2. **Esempio**   Mimmo non crede che Lucia sia uscita. (io)   *Mimmo non crede che io sia uscito.*

_____

_____

_____

_____

CD 6, TRACK 24

C. Spera che... Pietro's boss hopes he has completed several chores before he comes back in the afternoon. Change each sentence to express his hopes. Then repeat the response after the speaker.

Esempio   Non ha messo in ordine l'ufficio.
              Spera che abbia messo in ordine l'ufficio.

1. _____

2. _____

3. _____

4. _____

5. _____

Dettato   CD 6, TRACK 25

A. Dettato: Le opinioni della mamma. Listen as Marco's mother gives him some wide-ranging advice. Her suggestions will be read the first time at normal speed, a second time more slowly so that you can supply the missing verbs in the subjunctive, and a third time so that you can check your work. Feel free to repeat the process several times if necessary.

Caro Marco, è importante che tu _____ in palestra tutti i

giorni. Penso che tu _____ dormire almeno otto ore ogni notte.

Voglio che tu _____ in qualche buon ristorante italiano. Penso

che tu _____ bisogno di mangiare bene. Sono contenta che

tu _____ ad andare in palestra, credo che l'esercizio fisico ti

_____ bene.

   Credo che tu _____ concentrarti negli studi. È necessario che tu

_____ sempre le lezioni e che tu _____ tutti i

compiti. È necessario che tu _____ dei buoni voti. Penso che così tu troverai

un lavoro migliore nel futuro.

   Credo che durante le vacanze tu _____ dedicarti al volontariato e

promuovere il riciclaggio al campo universitario tra gli studenti. Tuo padre ed io abbiamo fiducia

che tu _____ le giuste decisioni e che tu _____

laurearti presto.

CD 6, TRACK 26

B. Due amici ambientalisti. Listen as Filippo and Marcello discuss their opinions about saving the environment and maintaining a healthy lifestyle. Then complete the following statements by circling the correct option. The conversation will be repeated twice.

1. Marcello ha letto un articolo che dice che…

   a. gli studenti non studiano.

   b. i professori mangiano male.

   c. gli studenti non vanno in palestra.

2. Marcello ha letto un secondo articolo che dice che…

   a. le tasse universitarie aumentano.

   b. l'inquinamento è aumentato.

   c. l'aria è più pulita.

3. Marcello pensa che sia necessario…

   a. mangiare cibo organico.

   b. studiare di più.

   c. fare il riciclaggio della carta.

4. Filippo pensa che sia necessario che…

   a. i professori usino la bicicletta.

   b. gli studenti vadano in palestra.

   c. si fumi di meno.

5. Filippo pensa anche che…

   a. il direttore della palestra deva dare degli sconti.

   b. il preside deva abbassare le tasse.

   c. l'umanità deva usare di meno le macchine.

6. Marcello desidera che…

   a. ci siano meno compiti.

   b. i ristoranti servano cibi organici.

   c. ci siano meno piatti vegetariani.

7. Marcello e Filippo decidono di…

   a. andare dal preside.

   b. parlare con i professori.

   c. scrivere un articolo.

Vedute d'Italia   No allo smog!

A. Prima di leggere. The following reading introduces an important Italian non-profit organization: Legambiente. While you read, focus on—and try to summarize in your own words—the main idea in each paragraph. You will see that after the introductory paragraph, each paragraph presents one important aspect of Legambiente's program to save our planet.

No allo smog!

Legambiente, la maggiore associazione ambientalista in Italia, organizza campagne per educare i cittadini sull'ecologia dell'ambiente, promuove iniziative per combattere l'inquinamento e proteggere la qualità dell'aria e delle acque del nostro Paese.

Legambiente ci propone di combattere l'inquinamento atmosferico, che rende tossica l'aria che respiriamo: «No allo smog», è il suo grido di battaglia. E molte iniziative possono essere prese per migliorare la situazione attuale. Con l'accordo internazionale di Kyoto, molti paesi, tra cui l'Italia, s'impegnano (*are committed*) a ridurre l'emissione di anidride carbonica, causa principale dell'effetto serra.

Legambiente sottolinea inoltre il pericolo dei cambiamenti del clima, con possibili tragiche conseguenze, e invita ogni cittadino a partecipare alle iniziative per migliorare la situazione; per esempio, evitare, quando è possibile, di usare l'automobile privata e di servirsi invece dei mezzi di trasporto pubblici o della bicicletta.

Le città devono creare degli spazi «verdi» per i bambini, dove questi possano giocare senza respirare l'aria inquinata dal traffico.

Un controllo più severo deve essere praticato sulle industrie, per evitare che materiali dannosi vengano scaricati (*dumped*) nei fiumi e nei laghi. È importante, insiste Legambiente, che tutti si rendano conto dei danni causati dall'inquinamento e che tutti facciano il possibile per preservare il nostro bellissimo pianeta per noi e per le future generazioni.

B. Alla lettura. Read each paragraph one more time and write a sentence or two to summarize each one.

_____

_____

_____

_____

_____

Now complete the following sentences.

1. Legambiente è un'associazione _____.

2. Il suo grido di battaglia è _____.

3. Legambiente sottolinea il pericolo _____.

4. Quando è possibile bisogna _____.

5. È importante, dice Legambiente, che tutti _____.

Capitolo 18 Arte e teatro

Esercizi scritti

Studio di parole Le arti e il teatro

A. I verbi dell'arte. Complete the following sentences choosing the correct verb from the list and making all the necessary changes.

dipingere scolpire comporre recitare applaudire fischiare

1. Michelangelo _____ il *Davide*.

2. Leonardo _____ la *Gioconda*.

3. Giuseppe Verdi _____ il *Nabucco*.

4. Un attore _____ una parte.

5. Il pubblico _____ una brava attrice.

6. Il pubblico _____ un brutto spettacolo.

B. Definizioni. List or describe the following items.

1. List four musical instruments: **a.** _____

   b. _____

   c. _____

   d. _____

2. List four types of music: **a.** _____

   b. _____

   c. _____

   d. _____

3. What is the definition of the following?

   a. a painting of a bowl of fruit on a table: _____

   b. a portrait a painter painted of himself: _____

   c. the opposite of "comedy": _____

4. List three styles of sculpture: **a.** _____

   b. _____

   c. _____

Punti grammaticali

18.1 L'imperfetto del congiuntivo

A. Volevo che... Lisa gave a party, but her friends failed to do what she wanted them to do.

Esempio   (Marisa / portare una torta)
              Volevo che Marisa portasse una torta.

1. (Pio e Lina / comprare il gelato)

   _____

2. (Pietro / invitare suo cugino)

   _____

3. (tu / mandare gli inviti)

   _____

4. (mio fratello / bere di meno)

   _____

5. (voi / stare più a lungo)

   _____

6. (Teresa / essere gentile)

   _____

B. Bisognava che... Your trip to the mountains wasn't successful because you and your friends should have done the following things.

Esempio   (Luisa / preparare i panini)
              Bisognava che Luisa preparasse i panini.

1. (Lino e Carlo / portare i sacchi a pelo)

   _____

2. (Anna / fare i preparativi con attenzione)

   _____

3. (voi / non dimenticare i fiammiferi [*matches*])

   _____

4. (tu / ascoltare le previsioni del tempo [*weather forecast*])

   _____

5. (noi / conoscere la strada)

   _____

C. Avevano paura che… Tina and Lisetta spent a week camping and had a wonderful time. But before arriving, they were afraid that many things might happen.

Esempio   esserci degli orsi *(bears)*
                Avevano paura che ci fossero degli orsi.

1. piovere _____

2. fare freddo _____

3. essere difficile montare la tenda _____

4. Lisetta sentirsi male _____

5. non esserci acqua _____

6. agli orsi piacere il loro cibo *(food)* _____

D. Completiamo le frasi subordinate. Change the infinitive to the present subjunctive or the imperfect subjunctive accordingly.

1. Andrò al concerto all'aperto benché (piovere) _____.

2. Siamo partite benché (fare brutto tempo) _____.

3. È necessario che tu (guadagnare) _____ di più.

4. Era necessario che gli attori (recitare) _____ meglio.

5. Non è possibile che (non piacerti) _____ i quadri di Modigliani.

6. Telefonerò a Carlo prima che lui (partire) _____.

7. Ti presto i miei acquerelli *(watercolors)* purché tu (restituirmeli) _____.

8. Preferirei che tu (stare) _____ a casa.

9. Ti telefonerò a meno che tu non (uscire) _____.

10. Era meglio che tu (comprare) _____ un quadro astratto.

18.2 Il trapassato del congiuntivo

A. Impariamo il trapassato del congiuntivo. Complete each sentence in the pluperfect subjunctive.

Esempio   Pensavo che lui (guadagnare) _____ molto.
                *Pensavo che lui **avesse guadagnato** molto.*

1. Credevo che tu non (capire) _____.

2. Speravamo che Giulia lo (fare) _____.

3. Pensavamo che voi (dimenticare) _____ tutto.

4. Era meglio che io non (rispondere) _____.

5. Credevo che tu (prepararti) _____.

6. Non sapevo che tu (essere) _____ in Cina.

B. Pratichiamo ancora il trapassato. Form a sentence, using the pluperfect subjunctive, as in the example.

Esempio   (speravamo / loro scrivere)
           Speravamo che loro avessero scritto.

1. (speravo / tu leggere le novelle del Boccaccio)

   _____

2. (dubitavo / il critico / capire l'autore)

   _____

3. (era necessario / voi / dire qualcosa)

   _____

4. (era meglio / noi / andare al concerto)

   _____

5. (non sapevo / tu / ricevere un premio)

   _____

6. (avevo paura / loro / vendere tutti i biglietti per l'opera)

   _____

C. Impariamo la frase ipotetica. Complete each sentence with the correct form of the verb in parentheses.

Esempio   Se io (avere) _____ la macchina, (fare) _____ un viaggio.
           *Se io **avessi** la macchina, **farei** un viaggio.*

1. Se io (essere) _____ milionario, (comprare) _____
   una casa.

2. Se io (abitare) _____ in Italia, (andare) _____ in
   vacanza ogni anno.

3. Se io non (sapere) _____ guidare, (imparare) _____.

4. Se io non (dovere) _____ lavorare, mi (divertire) _____
   tutto il giorno.

5. Se io (potere) _____ dipingere, (dipingere) _____
   una natura morta.

6. Se io (avere) _____ due mesi di vacanza, (andare)

   _____ in Oriente.

7. Se io (avere) _____ un Picasso autentico, lo (vendere)

   _____.

D. Pratichiamo la frase ipotetica con il trapassato. Complete each sentence according to the example.

Esempio   Ti avrei fatto una foto se (avere) _____ la macchina fotografica.
*Ti avrei fatto una foto se **avessi avuto** la macchina fotografica.*

1. Non avresti avuto un incidente se (stare) _____ attento.

2. Non avremmo perduto la strada se (studiare) _____ la carta geografica prima di partire.

3. Avremmo visto molte sculture del Rinascimento se (visitare) _____ Firenze.

4. Marco non sarebbe stato male se non (bere) _____ così tanto.

5. Non avrebbe fatto il musicista se non (avere) _____ talento.

6. Non avrei sentito un concerto di musica sinfonica se mia madre non mi (invitare)

   _____ a teatro.

E. L'indicativo o il congiuntivo? Complete each sentence, choosing between the indicative and the subjunctive.

1. Avrei preso un bel voto se (studiare) _____ .

2. Se (fare) _____ bel tempo, andrò alla spiaggia.

3. Se Lia (finire) _____ presto, visiterà una galleria d'arte.

4. Se noi (essere) _____ liberi, verremo al tuo spettacolo.

5. Se tu (parcheggiare) _____ la macchina qui, il poliziotto ti fa una multa.

6. Se tu (vedere) _____ il film su Leonardo da Vinci, ti sarebbe piaciuto.

7. Se la macchina non (funzionare) _____ , la porterai dal meccanico.

8. Se tu (abitare) _____ in montagna, potresti sciare ogni giorno.

18.3 Il congiuntivo: uso dei tempi

A. Cambiamo al passato. Change each sentence to the past.

Esempio   Voglio che tu venga.   *Volevo che tu venissi.*

1. È necessario che tu studi.

   _____

2. Bisogna che io lavori di più.

   _____

3. Spero che faccia bel tempo.

   _____

4. Dubito che lui mi scriva.

   _____

5. È inutile che loro gli telefonino.

   _____

B. Cambiamo ancora al passato. Change each sentence from the present to the past.

    Esempio   Ho paura che Giovanni sia malato.
                   Avevo paura che Giovanni fosse malato.

1. Abbiamo paura che il tenore non venga.

    _____

2. È necessario che tu parli a tuo padre.

    _____

3. Bisogna che io studi storia dell'arte.

    _____

4. Desidero che i miei genitori mi comprino un pianoforte.

    _____

5. Spero che il professore mi dica che ho del talento artistico.

    _____

6. Dubito che loro mi dicano la verità.

    _____

7. Abbiamo paura che mia sorella non stia bene.

    _____

C. Manteniamo l'accordo dei tempi. Rewrite each sentence in the past.

    Esempio   Vorrei che tu mi scrivessi.
                   Avrei voluto che tu mi avessi scritto.

1. Preferirei che tu ci andassi.

    _____

2. Vorremmo che voi studiaste di più.

    _____

3. Mio padre preferirebbe che io lavorassi.

    _____

4. Vorresti che io ti prestassi dei soldi?

    _____

5. Mi piacerebbe che voi risparmiaste.

    _____

D. Usiamo il passato. Change the infinitive to either the past subjunctive or to the pluperfect subjunctive, as required.

1. Credo che Luigi (laurearsi) _____ l'anno scorso.

2. Credevamo che Giacomo (partire) _____ un mese fa.

3. Penso che Teresa (incontrare) _____ Marco ieri sera.

4. Pensavo che tu non (lavorare) _____ l'anno scorso.

5. Non credo che Giulia (arrivare) _____ ieri sera.

6. Dubitavo che lui (essere) _____ in Italia tre anni fa.

7. Spero che la festa (piacerti) _____ ieri sera.

8. Non sapeva che Marco Polo (scrivere) _____ *Il Milione*.

9. Non credo che Giovanni (divertirsi) _____ ieri sera.

Come si dice in italiano?

1. One day a friend told Michelangelo: "Too bad you did not marry. If you had married, you would have had children and you would have left them your masterpieces." The great sculptor answered: "I have the most beautiful wife. My children are the works of art I will leave; if they are great, I will live for a long time."

_____

_____

_____

_____

_____

2. While Michelangelo was painting *The Last Judgment* (**Il Giudizio Universale**), a cardinal (**cardinale**) bothered him (**gli dava fastidio**) every day. Michelangelo got angry at (**con**) the cardinal and, since he was painting hell, decided to put him there. The cardinal went to the pope to complain, but the pope answered him: "If you were in purgatory (**purgatorio**), I could do something for you, but no one can free (**liberare**) you from hell." Whoever (**Chi**) looks at *The Last Judgment* can see the portrait of the cardinal in the left corner (**nell'angolo di sinistra**).

_____

_____

_____

_____

_____

_____

Attività video

La televisione. Dopo che avete guardato questa sezione del video, in gruppi di tre studenti, completate le seguenti attività.

A. Fatevi a turno le domande.

1. Che previsioni del tempo dà la televisione per la giornata di oggi?

   _____

2. Com'era il tempo nei giorni precedenti?
   E com'è il tempo oggi? _____

3. Cosa pensa di fare Marco, visto che fa brutto tempo? _____

4. Contro quale squadra gioca la squadra di calcio della Roma oggi? _____

5. Perché Marco deve rinunciare a guardare la partita di calcio in TV?

   _____

6. Che altra soluzione gli resta se vuole seguire la partita? _____

7. Che tipo di programmi televisivi piacciono alla prima persona intervistata?

   _____

8. La seconda persona intervistata non è molto entusiasta dei programmi offerti dalla televisione.
   Perché? _____

9. Una persona dice addirittura di odiare la TV. Perché? _____

10. L'ultimo intervistato guarda un solo programma alla TV. Quale? _____

B. Guardate ancora una volta questa sezione del video, poi scegliete tra le due frasi proposte quella che corrisponde al video.

1. **a.** Oggi fa freddo e tira vento.

   b. Le previsioni del tempo annunciano cielo nuvoloso e precipitazioni.

2. **a.** La partita di calcio si può vedere solo sulla TV satellite.

   b. La partita Roma-Siena si può vedere solo sul canale cinque.

3. Alla signorina con gli occhiali piacciono solo

   a. i telegiornali.   **b.** i film e i documentari.

4. La seconda persona intervistata guarda generalmente

   a. le partite di calcio.   **b.** i film romantici e lo sport.

5. Una persona intervistata dice che

   a. praticamente c'è un solo padrone di tutta la televisione.

   b. la TV offre programmi interessanti.

Esercizi orali

Studio di parole   Le arti e il teatro

🔊 CD 6, TRACK 27

Che musica preferisci? Listen to radio advertisements—which will be repeated twice—of four concerts to be given in Florence. Complete the chart below, in which one item has already been filled in for you. Then answer the question about your own preferences.

Dove?	Tipo di musica?	Chi canta?	Costo?	A che ora?
1.				
2.				
3.		coro Melograno		
4.				

5. Ti piacerebbe assistere ad uno di questi concerti? Quale e perché?

_____

_____

_____

Punti grammaticali

18.1 L'imperfetto del congiuntivo

🔊 CD 6, TRACK 28

A. **La mamma sperava che...** Carlo and Angela are talking about their mother's hopes for them. Listen to their exchanges and indicate with a checkmark which statements are accurate.

1. _____ La mamma sperava che Angela andasse all'Università di Bologna.

2. _____ La mamma sperava che Carlo studiasse medicina.

3. _____ La mamma sperava che Angela diventasse farmacista.

4. _____ La mamma sperava che Carlo diventasse professore di inglese.

5. _____ La mamma sperava che Carlo e Angela frequentassero la stessa università.

6. _____ La mamma sperava che Angela prendesse buoni voti.

7. _____ La mamma sperava che Angela potesse studiare a Padova con Carlo.

8. _____ La mamma sperava che Angela si laureasse quest'anno.

9. _____ La mamma sperava che Carlo finisse gli studi l'anno scorso.

◁)) CD 6, TRACK 29

B. Pratichiamo il congiuntivo imperfetto. Listen to the model sentence. Then form a new sentence by substituting the noun or pronoun given. Repeat the response after the speaker.

1. **Esempio**   Pensavano che io comprassi una Ferrari. (tu)
Pensavano che tu comprassi una Ferrari.

_____

_____

_____

_____

_____

2. **Esempio**   Vorrebbero che io facessi un viaggio. (tu)
Vorrebbero che tu facessi un viaggio.

_____

_____

_____

_____

◁)) CD 6, TRACK 30

C. Avevamo paura che... Form sentences using the cues. Then repeat the response after the speaker.

Esempio   (il treno / essere in ritardo)
Avevamo paura che il treno fosse in ritardo.

1. _____

2. _____

3. _____

4. _____

18.2 Il trapassato del congiuntivo

🔊 CD 6, TRACK 31

A. Non è ancora successo! Anna is explaining to Carla that various things that Carla thought had already happened in fact have not yet occurred. Indicate which form of the past perfect subjunctive Carla uses in her remarks. Her exchanges with Anna will be repeated twice.

Esempio   You hear: — Marco compra la nuova Fiat domani.
                — Pensavo che avesse già comprato la nuova Fiat la settimana scorsa.
        You underline: avesse finito / <u>avesse comprato</u> / avesse lavorato / fosse andato / fosse partito / avesse dato

1. avesse finito / avesse comprato / avesse lavorato / fosse andato / fosse partito / avesse dato

2. avesse finito / avesse comprato / avesse lavorato / fosse andato / fosse partito / avesse dato

3. avesse finito / avesse comprato / avesse lavorato / fosse andato / fosse partito / avesse dato

4. avesse finito / avesse comprato / avesse lavorato / fosse andato / fosse partito / avesse dato

5. avesse finito / avesse comprato / avesse lavorato / fosse andato / fosse partito / avesse dato

6. avesse finito / avesse comprato / avesse lavorato / fosse andato / fosse partito / avesse dato

🔊 CD 6, TRACK 32

B. Pratichiamo il congiuntivo trapassato. Listen to the model sentence. Then form a new sentence by substituting the noun or pronoun given. Repeat the response after the speaker.

Esempio   Credevano che io avessi scritto. (tu)
        Credevano che tu avessi scritto.

1. _____
2. _____
3. _____
4. _____
5. _____

🔊 CD 6, TRACK 33

C. Gino pensava che anche gli altri fossero arrivati. Gino thought that the following people had arrived in his city. Recreate his statements, substituting the noun or pronoun given, as in the example. Then repeat the response after the speaker.

Esempio   Pensavo che tu fossi arrivato. (Franco)
        Pensavo che Franco fosse arrivato.

1. _____
2. _____
3. _____
4. _____

18.3 Il congiuntivo: uso dei tempi

🔊 CD 6, TRACK 34

A. Impariamo ad usare il tempo giusto. Paolo and Francesca are discussing their plans for the day and the evening. While you listen to their exchanges, which will be repeated twice, indicate the two verbs (main clause and dependent clause) that are used in Paolo's comments. Follow the example.

Esempio   You hear: — Ciao, Francesca, pensavo che tu fossi fuori città.
                          — No, sono ritornata ieri sera.
               You write: *pensavo / fossi*

1. _____   4. _____

2. _____   5. _____

3. _____   6. _____

🔊 CD 6, TRACK 35

B. Ripetiamo al passato. Change the following sentences from the present to the past, according to the example. Then repeat the response after the speaker.

Esempio   È necessario che tu lavori.   *Era necessario che tu lavorassi.*

1. _____

2. _____

3. _____

4. _____

5. _____

Dettato   🔊 CD 6, TRACK 36

A. Dettato: Andiamo a teatro. Listen as Gabriella describes to Filippo a play, *Il re cervo* (The King Stag), by Carlo Gozzi (1720–1806). Her description will be read the first time at normal speed, a second time more slowly so that you can supply the missing verbs, and a third time so that you can check your work. Feel free to repeat the process several times if necessary.

Penso che *Il re cervo* _____ una commedia molto interessante. Vorrei che

_____ a vederla domani sera. Penso che _____

rappresentata al teatro Olimpico. È una fiaba (*fable*) con personaggi buoni e cattivi. Alla fine mi

sembra che _____ una morale. Ma è anche una commedia romantica perché

_____ il matrimonio del re con la figlia del suo ministro. È meglio che

_____ presto i biglietti prima che _____.

Mi piacerebbe che tu li _____ per la rappresentazione di venerdì sera.

Pensi di _____ andare oggi pomeriggio a comprarli? Vorrei che tu ne

_____ quattro. Pensavo di _____ anche a Paolo e

Francesca di venire a teatro con noi. Sarà divertente, ho sentito che questa compagnia teatrale

_____ molto originale e che i costumi _____ come

quelli della commedia dell'arte.

CD 6, TRACK 37

B. Dopo la commedia. Filippo and Gabriella just went to see the play *Il re cervo* *(The King Stag)*. The play, first staged in 1762, is a combination of **commedia dell'arte,** puppet theater, and political satire. Listen as they discuss the play and then complete the following sentences.

1. A Filippo è piaciuta la commedia perché...

   _____

2. Gabriella pensa che gli attori siano...

   _____

3. Filippo crede che i costumi...

   _____

4. Gabriella pensa che l'attore più bravo...

   _____

5. A Filippo è piaciuta molto la parte del... perché...

   _____

6. Questa commedia non è facile da interpretare perché...

   _____

7. È una bella storia perché...

   _____

8. Ci sono anche...

   _____

9. Gabriella pensa che sia interessante per...

   _____

10. C'è una morale alla fine come...

    _____

11. Il cattivo... e i buoni...

    _____

Attività video

L'isola sperduta. Dopo che avete guardato questa sezione del video, in gruppi di tre studenti, completate le attività che seguono.

A. Fatevi a turno le domande.

1. Che cosa progettavano di fare Marco e Giovanni al loro arrivo a Venezia?

   _____

2. Perché hanno dovuto cambiare idea?

   _____

3. Che cosa cercano vicino al ponte? _____

4. Se il primo intervistato dovesse andare su un'isola deserta, oltre ad un coltello e a qualcosa per

   pescare, chi si porterebbe? _____

5. La seconda persona deve fare una scelta difficile; chi si porterebbe su un'isola deserta: i figli o il

   marito? _____

6. Quali sono alcuni articoli di abbigliamento che gli intervistati si porterebbero sull'isola deserta?

   _____

7. Quali sono quattro o cinque oggetti che gli intervistati sceglierebbero di portarsi?

   _____

8. L'ultima intervistata ha una scelta veramente difficile da fare: chi sceglierebbe tra il cane e il

   marito? _____

B. Vero o Falso? Decidete insieme se le seguenti affermazioni sono vere o false.

1. Marco e Giovanni volevano fare un tuffo nel mare, ma il tempo non lo permette.

   Vero _____ Falso _____

2. Un intervistato si porterebbe su un'isola deserta un coltello, qualcosa per pescare e il suo migliore amico.

   Vero _____ Falso _____

3. Un'intervistata è indecisa se portarsi su un'isola deserta i figli o il marito.

   Vero _____ Falso _____

4. Una persona si porterebbe le ciabatte e il suo iPod.

   Vero _____ Falso _____

5. Una persona intervistata si porterebbe un solo oggetto: gli occhiali da sole.

   Vero _____ Falso _____

6. Un intervistato ha deciso che si porterebbe solo la sua macchina fotografica.

   Vero _____ Falso _____

7. Un'intervistata ha trovato la soluzione ideale: si porterebbe il marito e due cani.

   Vero _____ Falso _____

Vedute d'Italia La famiglia dell'antiquario

A. Prima di leggere. The following passage is from *La famiglia dell'antiquario,* a play by the first important Italian playwright, Carlo Goldoni (1707–1793). During his childhood in Venice, Goldoni became fascinated with the **commedia dell'arte,** a form of theatre in which professional actors improvised the plot on the basis of an outline they were given. It featured stock characters who wore readily recognizable masks.

Although Goldoni modified and reformed the **commedia dell'arte,** it influenced many of his plays. In this scene from *La famiglia dell'antiquario,* for example, one of the characters is Colombina, the clever, astute young maid from the tradition of the **commedia dell'arte.** Notice her short, humorous exchanges with Doralice, the buildup of tension between them, and Doralice's response to her impertinence at the end, all of which reflect earlier tradition.

Carlo Goldoni wrote his plays in the Venetian dialect. Some of the words and expressions in this passage are typical of the dialect. For example, **son** is used instead of **sono** (this is also a literary form); **Lo** is used instead of **Lei;** and **accio** (from **a** and **cio**) instead of **affinché.**

La famiglia dell'antiquario

Scena Ottava

Doralice e poi Colombina

DORALICE	[…]
COLOMBINA	Il signor contino mi ha detto che la padrona mi domanda, ma non la vedo. È forse andata via?
DORALICE	Io sono la padrona che ti domanda.
COLOMBINA	Oh! mi perdoni, la mia padrona è l'illustrissima signora contessa.
DORALICE	Io in questa casa non son padrona?
COLOMBINA	Io servo la signora contessa.
DORALICE	Per domani mi farai una cuffia.
COLOMBINA	Davvero che non posso servirla.
DORALICE	Perché?
COLOMBINA	Perché ho da fare per la padrona.
DORALICE	Padrona sono anch'io e voglio essere servita, o ti farò cacciare via.
COLOMBINA	Sono dieci anni ch'io sono in questa casa.
DORALICE	E che vuoi dire per questo?
COLOMBINA	Voglio dire che forse non le riuscirà di farmi andar via.
DORALICE	Villana! Malcreata!
COLOMBINA	Io villana? La non mi conosce bene, signora.
DORALICE	Oh, chi è vossignoria? Me lo dica, acciò non manchi al mio debito.
COLOMBINA	Mio padre vendeva nastri e spille per le strade. Siamo tutti mercanti.
DORALICE	Siamo tutti mercanti! Non vi è differenza da uno che va per le strade, a un mercante di piazza?
COLOMBINA	La differenza consiste in un poco più di denari.
DORALICE	Sai, Colombina, che sei una bella impertinente?
COLOMBINA	A me, signora, impertinente? A me che sono dieci anni che sono in questa casa? Che sono più padrona della padrona medesima?
DORALICE	A te, sì, a te; e se non mi porterai rispetto, vedrai quello che farò.
COLOMBINA	Che cosa farete?
DORALICE	Ti darò uno schiaffo (glielo dà e parte).

Da *La famiglia dell'antiquario* (1750) di Carlo Goldoni (1707–1793).

B. Alla lettura. Read one more time the exchange between Doralice and Colombina, then answer the following questions.

1. Chi cerca Colombina?

   _____

2. Cosa dice di essere Doralice?

   _____

3. Che cosa chiede di fare Doralice a Colombina?

   _____

4. Perché Colombina si rifiuta?

   _____

5. Che cosa fa Doralice alla fine? Perché?

   _____

Now think about the dramatic effect of the scene you have just read and indicate if the following sentences are true (**V**) or false (**F**).

1. _____ V _____ F   All'inizio della scena Colombina continua a ripetere di non riconoscere Doralice come padrona. Questo ha un effetto comico.

2. _____ V _____ F   Colombina è una bella impertinente.

3. _____ V _____ F   Colombina è umiliata alla fine quando Doralice le dà uno schiaffo.